# LES ORIGINES ET L'ÉVOLUTION

## DE LA

# NAVIGATION A VAPEUR A MARSEILLE

## (1829-1900)

PAR

# Hubert GIRAUD

ARMATEUR, ANCIEN DÉPUTÉ

PRÉSIDENT HONORAIRE DE LA CHAMBRE DE COMMERCE DE MARSEILLE

Quatorze reproductions en phototypie

MARSEILLE

SOCIÉTÉ ANONYME DU SÉMAPHORE DE MARSEILLE

(ANCIENNE MAISON BARLATIER)

17-19, Rue Venture, 17-19

1929

# LES ORIGINES ET L'ÉVOLUTION

## DE LA

# NAVIGATION A VAPEUR A MARSEILLE

## (1829-1900)

PAR

# HUBERT GIRAUD

ARMATEUR, ANCIEN DÉPUTÉ

PRÉSIDENT HONORAIRE DE LA CHAMBRE DE COMMERCE DE MARSEILLE

Quatorze reproductions en phototypie

MARSEILLE

SOCIÉTÉ ANONYME DU SÉMAPHORE DE MARSEILLE

(ANCIENNE MAISON BARLATIER)

17-19, Rue Venture, 17-19

1929

# LES ORIGINES ET L'ÉVOLUTION

DE LA

## NAVIGATION A VAPEUR A MARSEILLE

(1829-1900)

---

Le but de ce petit travail est de refaire et de compléter une étude plus sommaire que j'avais présentée, il y a 30 ans, au Congrès des Sociétés Françaises de Géographie réuni à Marseille. J'ai pensé qu'il pourrait être utile de puiser à nouveau dans une documentation dont je n'avais alors fait usage qu'en partie et de reconstituer un historique qui pourra, dans l'avenir, être consulté avec quelque fruit. Il existe, en effet, extrêmement peu d'écrits relatifs au passé de la navigation à vapeur en Méditerranée, du moins en France. L'Italie est mieux pourvue. Mais partout l'on constate combien les souvenirs du début d'une époque relativement récente, puisqu'elle embrasse un peu plus d'un siècle, se sont, pour ainsi dire, tout à fait perdus, et combien il est difficile d'en retrouver çà et là quelques traces. J'ai personnellement eu l'occasion de m'apercevoir que les archives privées et publiques sont à peu près vides. Il est quelque peu fâcheux de voir l'insouciance que les générations passées ont apportée à laisser après elles les éléments d'une histoire, à transmettre à leurs descendants la tradition de faits parfois importants, en tous cas intéressants et dignes de figurer parmi les souvenirs de famille. Il semble cependant que la création de la marine à vapeur, cette transformation radicale des conditions de la navigation, était bien de nature à frapper les esprits et que le souci de fixer le témoignage d'un progrès aussi considérable aurait dû pousser bien des gens à y contribuer. Sans parler de ceux même qui ont été les auteurs de ces progrès, les initiateurs, les précurseurs en matière d'armement à vapeur ne devaient-ils pas mettre un vrai point d'honneur à laisser derrière eux des écrits, des plans, des dessins ou des peintures décrivant les instruments de cette rénovation économique et l'usage qui s'en faisait de leur vivant ?

Il semble bien qu'ils ne l'aient pas fait ou du moins que cette préoccupation ait été bien peu répandue. D'autre part ces éléments d'information, là où ils ont existé, ont disparu. Consultées par moi, les familles qui portent encore les noms des deux premiers armateurs à vapeur du port de Marseille n'ont pu me fournir ni un renseignement, ni un document. A vrai dire, le descendant de l'un de ces pionniers de notre armement moderne ignorait même qu'un de ses grands oncles se fût occupé de bateaux à vapeur. Mon enquête l'a amené à questionner un membre de sa famille, qui lui a confirmé le fait que je lui apprenais, mais qui n'avait lui-même aucun détail à y ajouter.

Des premières maisons qui aient utilisé les bateaux à vapeur, les unes ont purement et simplement disparu ou ont abandonné l'armement : c'est le cas de celles dont je viens de parler. D'autres se sont transformées, ont passé dans d'autres mains ; elles n'ont à peu près rien conservé des archives de l'origine. A mesure que l'on se rapproche de notre siècle, on est un peu plus heureux dans ses recherches. Et parmi les compagnies ayant aujourd'hui 50 ou 60 ans d'existence, il en est qui peuvent mieux reconstituer leur histoire, mais assez imparfaitement malgré tout, et des pièces qui seraient fort curieuses, telles que les plans des premiers vapeurs, font complètement défaut.

Pour réunir les renseignements qui vont suivre, j'ai dû puiser à une source pour ainsi dire unique, la collection du journal *Le Sémaphore de Marseille* qui, depuis 1828, fournit chaque jour les nouvelles maritimes et commerciales au public marseillais. C'est en dépouillant, avec le plus de soin possible, les annonces quotidiennes, en lisant les articles spéciaux qui ont paru dans ses colonnes, que j'ai pu rassembler la plus grande partie des éléments de ce travail. J'exprime le vœu que, dans l'avenir, chaque compagnie de navigation constitue chez elle une documentation tenue à jour et qui permettra, plus tard, de faire d'une façon plus sûre et plus aisée les études rétrospectives auxquelles les générations futures voudraient un jour se livrer.

*<br>* *

Je suis bien obligé de dire, avec un certain regret, que Marseille est loin d'avoir été l'un des premiers foyers de l'armement à vapeur. Non seulement notre vieille cité n'a été en rien mêlée aux premiers tâtonnements de la grande invention, mais ses négociants, dont les voiliers sillonnaient les mers, portant au loin les produits de l'industrie et du sol de la Provence et rapportant en échange ceux des régions qu'ils visitaient, n'ont pas songé à utiliser le nouveau système de navigation qui se révélait ailleurs. De cette méfiance, pour ne pas dire de cette aversion, pour une innovation aussi importante, les raisons sont faciles à dégager. On ne pouvait guère attendre des négociants armateurs qu'ils se hâtassent d'abandonner leurs habitudes pour se lancer dans une voie qui s'ouvrait à peine, et qui les eût conduits à renoncer à ce qui était l'essence même de leur métier, à savoir le commerce. N'oublions pas qu'au début du siècle dernier l'armateur était d'abord commerçant, qu'il mettait à bord de ses navires ses propres marchandises, que ses capitaines étaient de véritables fondés de pouvoirs ou des associés, chargés non seulement de conduire les navires, mais de vendre les cargaisons et d'acheter les produits qu'ils rapportaient au port d'armement. Le navire à voiles était simplement le moyen de transport. Il répondait parfaitement aux besoins d'un commerce auquel il fallait un outil bon marché, coûtant peu à exploiter, et pouvant battre la mer, aller d'un continent à l'autre, effectuer les voyages les plus divers sans être asservi à d'autres nécessités que celle d'avoir un gréément solide et une cambuse bien approvisionnée. Il tombe sous le sens que le navire à vapeur, non seulement à ses débuts, mais même plus tard, mais surtout à ses débuts, ne convenait en aucune manière au commerce organisé comme il l'était alors.

D'ailleurs il ne semble pas que cette situation fût spéciale à Marseille. Le commerce maritime était partout pratiqué de la même manière, et nulle part l'initiative de la création des navires à vapeur n'est partie des milieux où l'on se livrait au commerce avec les pays d'outre-mer.

Mais on peut s'étonner qu'en dehors des armateurs de voiliers, que la vapeur ne pouvait pas intéresser, aucun homme d'affaires marseillais, aucun esprit entreprenant n'ait cherché à introduire à Marseille une invention qui avait été accueillie et exploitée dans d'autres pays, et même en France, depuis près de 20 ans.

Sans refaire ici l'histoire des premiers navires à vapeur, je rappellerai rapidement qu'elle comprend deux périodes. La première est celle au cours de laquelle l'idée de se servir de la machine à vapeur pour faire marcher un navire a donné lieu à de nombreuses combinaisons plus ou moins ingénieuses, mais sans portée pratique. Cette période remonte loin, puisqu'en 1736, Jonathan Hulls prenait un brevet et écrivait un ouvrage intitulé « Description and « draught of a new invented machine for carrying vessels « or ships out of, or into any Harbour, Port or River, « against wind and tide or in a calm » (Londres — 1737). C'était donc un remorqueur. L'invention échoua complètement, comme avait échoué celle de Denis Papin, comme échouèrent bien d'autres projets.

## Le FERDINANDO I°

de la Compagnie Napolitaine Pietro Andriel, le premier navire à vapeur venu au port de Marseille
le 4 décembre 1818.

*(D'après une peinture du Musée de Saint-Martin, à Naples)*

Phot. Duca

Tous ces échecs étaient dus à deux causes. D'abord à ce que la machine à vapeur de cette époque n'était pas, à proprement parler, une machine à vapeur, puisqu'elle utilisait en réalité la pression atmosphérique sur un piston travaillant dans un cylindre, piston *sous lequel* on introduisait de la vapeur, non pas pour le pousser, mais pour produire un certain vide en condensant cette vapeur. Une machine ainsi comprise n'avait qu'une force dérisoire. De plus, on n'avait pas trouvé le moyen pratique de transformer en mouvement de rotation le mouvement rectiligne imprimé à la tige du piston, ni par conséquent de faire tourner les roues munies de pales destinées à pousser le navire en avant en prenant appui sur l'eau qui le supporte.

La deuxième période est ouverte le jour où le génie de James Watt réalise la véritable machine à vapeur en utilisant l'élasticité de la vapeur pour faire mouvoir un piston dans un cylindre, d'abord d'un seul côté, puis des deux côtés du piston, et en inventant le parallélogramme et la manivelle. Dès lors, si imparfaite qu'elle soit encore, la nouvelle machine est devenue pratique, et il ne reste plus qu'à décider l'opinion publique, et par elle les capitalistes et les Gouvernements, à aider à la mise en application de découvertes dant la solidité est démontrée. C'est une tâche ingrate à laquelle s'usèrent des hommes pleins d'énergie et de confiance dans l'avenir des nouveaux engins employés pour la navigation. Le public n'était pas, comme aujourd'hui, porté à s'enthousiasmer pour les inventions nouvelles. Celle-ci, aussi bien que les chemins de fer, heurtait non seulement des habitudes aussi anciennes que la civilisation, mais aussi des intérêts fondés sur le maintien de ces habitudes.

C'est à ces obstacles qu'est dû l'échec du Marquis de Jouffroy, gentilhomme franc-comtois, qui avait cependant, en 1783, construit et fait naviguer à Lyon, sur la Saône, un véritable bateau à vapeur, de 46 mètres de long sur 5 mètres de large, muni d'une machine construite à Lyon, qui transmettait le mouvement du piston aux roues, non pas par un balancier ni par une manivelle (laquelle n'était pas encore inventée), mais par un encliquetage. La légèreté du Gouvernement Royal, et plus tard la Révolution, ne permirent pas de tirer de ce début le parti qu'on pouvait en attendre.

Quelques années plus tard, en 1802, un Américain, Robert Fulton, venait en France, construisait un bateau de 33 mètres de long sur 2 m. 50 de large et le faisait naviguer sur la Seine en présence d'une délégation de l'Académie des Sciences. Comme le Marquis de Jouffroy, il rencontra auprès du Gouvernement d'alors, le Consulat, une indifférence que les événements que traversait la France pouvaient expliquer, mais qui découragea l'inventeur. Celui-ci repartit pour l'Amérique où, quatre ans après, en 1807, il établissait un service régulier, par bateau à vapeur, de New-York à Albany, sur l'Hudson, avec le *Clermont*.

L'Angleterre imita l'Amérique, et la patrie de James Watt ne fut pas non plus la première à utiliser les conséquences de ses inventions. En 1812, Henry Bell construisait la *Comète*, qui fit un service entre Glasgow et Greenock sur la Clyde. D'autres bateaux firent de la navigation côtière et, franchissant le canal Saint-Georges, relièrent l'Angleterre à l'Irlande.

En France, c'est seulement quatre ans plus tard, en 1816, que le Marquis de Jouffroy fit naviguer le *Charles-Philippe* sur la Seine, mais sans que ce nouvel effort eût plus de succès que ses premières tentatives. Ce furent, en France, des initiatives anglaises qui acclimatèrent les bateaux français sur la Seine, puis dans la Manche. De 1820 à 1825, le nouveau système s'étendit à plusieurs fleuves et rivières.

En somme il s'en était fallu de bien peu, et cela à deux reprises, qu'avec Jouffroy d'abord et Fulton ensuite, la France eut, avant toutes les autres nations, tiré des idées de ces deux grands hommes l'honneur et le profit qui s'attachaient à cette révolution dans les transports par eau. Elle venait au contraire la dernière et suivait de loin les nations anglo-saxonnes. C'est une constatation pénible, mais qu'il a fallu faire dans bien d'autres domaines au cours de notre histoire.

Le premier vapeur entré dans le port de Marseille fut un navire napolitain, le *Ferdinando-I*, arrivé de Naples après avoir fait escale à Gênes, le 4 décembre 1818, sous le commandement du capitaine Andrea di Martino (1). Le « Moniteur » du 15 novembre avait inséré une communication de son correspondant de Marseille, ainsi conçue : « Le bateau « à vapeur le *Ferdinando-I*, dont nous avons annoncé « l'arrivée dans notre port, étant le premier navire de ce « genre qu'on ait vu à Marseille, nous croyons faire plaisir « à nos lecteurs en mettant sous leurs yeux l'extrait suivant « de la « Gazette de Gênes » du 28 octobre dernier ». L'article de la « Gazette de Gênes », reproduit par le « Moniteur », décrivait le navire ainsi que ses machines et les diverses manœuvres qu'il avait effectuées dans le port de Gênes pour démontrer l'efficacité et la commodité de son appareil moteur. Le pionnier de cette navigation nouvelle qui, 110 ans plus tard, devait être représentée à Marseille par un mouvement annuel, entrées et sorties, de près de 12.000 vapeurs jaugeant plus de 28 millions de tonneaux de jauge, mérite que l'on retrace son histoire.

En 1816, la Société Pajol se créait à Paris pour établir, à l'exemple des Anglais, un service de bateaux à vapeur sur la Seine. La construction de ces bateaux en France n'étant pas encore organisée, cette société envoya en Angleterre un officier de marine d'origine languedocienne, nommé Andriel, pour y acheter des bateaux. Andriel ne trouva à acheter à Londres qu'un petit bateau de 16 mètres de long, le *Margery*, qui fut baptisé l'*Elise*, et l'amena au Havre en dépit d'une tempête épouvantable qui assaillit le petit navire pendant la traversée de la Manche. L'*Elise*

(1) « La Marina Borbonica », par Achille Salzano, Naples, 1924.

remonta la Seine jusqu'à Paris, mais la Société Pajol fit de mauvaises affaires et le bateau fut revendu aux Anglais.

Or Andriel vint, on ne sait par suite de quelles circonstances, s'établir à Naples. Plein de confiance dans l'avenir de la navigation à vapeur et fort de son expérience, il entreprit d'intéresser à cette question le roi Ferdinand I<sup>er</sup>, souverain du Royaume des Deux-Siciles. Ce descendant de Louis XIV accueillit avec intérêt les démarches d'Andriel, lequel fit si bien que, le 14 janvier 1817, il obtenait la concession du monopole de la navigation à vapeur dans le Royaume. « E' accordato, disait le décret royal, a Pietro « Andriel, nativo di Montpellier, il privilegio di privata « della durata di quindici anni per la navigazione acce- « lerata per mezzo delle trombe a fuoco, detta navigazione « a vapore, nelle acque che bagnano il littorale e n'e fiumi « del nostro regno delle Due Sicilie qualunque sia il sis- « tema di costruzione delle stesse trombe ».

Andriel constitua une Compagnie qui portait son nom, avec des capitaux napolitains. Il fit construire à Naples même la coque en bois du premier navire, le *Ferdinando-I*, qui fut lancé le 24 juin 1818. La machine venait d'Angleterre. Les dimensions du *Ferdinando-I* étaient : 38 m. 80 de longueur, 6 m. 15 de large et son tirant d'eau 1 m. 94 ; les roues en fer, munies chacune de 8 pales larges de 12 pouces et longues de 4 pieds, avaient 12 pieds de diamètre. Le navire faisait 6 milles à l'heure. Il pouvait porter 185 tonnes, et loger les passagers dans 16 cabines pour les passagers « de distinction » et dans une grande chambre à l'avant pour ceux qui voulaient voyager plus économiquement. Il brûlait 20 quintaux napolitains de charbon par jour.

A Marseille, le *Ferdinando-I* provoqua un très vif intérêt. Il pénétra dans le port en remorquant une bombarde chargée de bois qui ne pouvait entrer en raison du vent contraire. Il fit ensuite une promenade par un vent assez fort et grosse mer, ayant à bord plusieurs fonctionnaires et

Le SULLY et le HENRY IV

les deux premiers navires à vapeur en service au port de Marseille, à MM. Ch. et Aug. Bazin, 1831.

Aquarelle d'Ant. Roux père, 1831.

Phot. Duce

(Collection Alex. van Berchem)

de nombreux négociants de la ville. On conçoit que la présence dans le port de Marseille du *Ferdinando-I* fut un véritable événement. La vie du port, à cette époque, était des plus monotones. On se relevait à peine des ruines qu'avaient amenées la Révolution et les guerres de l'Empire. Toutes les industries avaient disparu à l'exception de la savonnerie dont la production, en 1805, était de 147.000 kilogs pour 71 fabriques. Jusqu'à la Restauration, Marseille avait réclamé avec insistance la franchise qui lui avait été enlevée et dont jouissaient les ports concurrents de Trieste, de Venise et de Livourne. La navigation était entravée par les croisières anglaises ; à la chute de Napoléon, la perte des colonies était venue achever le désastre.

Avec la Restauration, Marseille retrouva la franchise, mais la paix rétablie ne supprimait pas les difficultés. Les relations maritimes étaient très gênées par les pirates grecs et les corsaires tunisiens et algériens. Jusqu'à la prise d'Alger, l'insécurité obligeait à naviguer en convois. Le *Sémaphore* du 2 janvier 1828 annonce le départ pour le détroit de Gibraltar et au delà d'un convoi de 31 bricks ou autres navires, sous l'escorte du brick de guerre de 18 canons, le *Faucon*. Le 3 janvier on annonce que le convoi pour Alexandrie partira le 10 : les navires devront être rendus à Toulon à cette date pour y prendre l'escorte. Le 1er février de la même année part le convoi allant dans l'Ouest, composé de 39 bâtiments partant de Marseille, auxquels se sont joints 14 navires venus de Cette, le tout escorté par le brick *Cuirassier*. Au retour, les voiliers se groupaient à Cadix ou à Tunis pour reprendre l'escorte.

C'est dans le cadre de cette existence archaïque, de cette activité ralentie par tant de facteurs, qu'apparaît le *Ferdinando-I*. Il suscite une vive curiosité, mais rien de plus, semble-t-il. Et cependant il ne représente pas simplement un outil de transport doté de qualités étonnantes, il répond aussi à une des plus constantes préoccupations des marins marseillais, la difficulté pour les voiliers de sortir du port

par vent de mistral. Le remorquage à vapeur est peut-être
ce qui frappe le plus les Marseillais qui visitent le navire
napolitain, et le projet de construction d'un remorqueur
est étudié par la Chambre de Commerce bien avant que
la création de navires de mer ait été entreprise par nos
compatriotes.

**Dix** ans passent ainsi. Marseille voit paraître, après le
*Ferdinando-I,* un autre navire à vapeur également napolitain, le *Royal-Ferdinand.* Une gravure anglaise, qui fait partie de la collection de la Chambre de Commerce de Marseille, reproduit ce navire, et indique qu'il est le premier
navire à vapeur naviguant entre Marseille et Gênes, mention
inexacte, ainsi que l'établit ce qui précède. Il est, du reste,
évident que le *Royal-Ferdinand* ne ressemblait nullement
à l'image qui le représente ; les navires de cette époque
étaient de lourdes coques, hautes sur l'eau, avec lesquelles
l'embarcation si peu « marine » que figure la gravure anglaise n'a certainement aucune analogie.

En dehors des vapeurs napolitains, Marseille est également visitée de loin en loin par quelques vapeurs sardes,
car Gênes a construit, en 1819, l'*Eridan* et, en 1820, le *Colombo,* et par quelques vapeurs anglais. En 1828, le *Mercury*
touchait à Marseille et repartait pour Smyrne.

Marseille était redevenue une cité industrielle. En dehors
des savonneries, qui étaient en 1828 au nombre de 41, pro-
duisant 40.000 tonnes de savon, dont un cinquième était
exporté, il y avait des tanneries, des raffineries de sucre, etc.
Et pas un seul vapeur ne portait encore le pavillon marseillais.

Il faut arriver ainsi aux premiers mois de 1829. Le *Sémaphore* du 9 avril annonçait la fondation d'une société pour
la navigation des bateaux à vapeur sur la Méditerranée. Il
s'agissait de la Maison Aynard frères, de Paris et
Lyon, propriétaire des bateaux à vapeur sur la Saône.
Elle projetait de faire construire cinq vapeurs, dont un devait desservir Toulon, deux feraient un service de Marseille

à Naples par Gênes et la côte d'Italie et ceux de Marseille à Barcelone par Cette. Ce projet était à l'étude depuis 1826, mais l'acte de société ne fut publié par les journaux de Paris que le 6 août 1829. La société était, quelques jours après, définitivement constituée (1).

MM. Aynard frères revendiquèrent ensuite, et à bon droit, la priorité dans la conception d'une affaire d'armement à vapeur au port de Marseille. Dans un article paru deux ans plus tard dans le *Sémaphore,* ils faisaient valoir non seulement l'antériorité de leur organisation, mais aussi la supériorité du matériel qu'ils avaient commandé. Les vapeurs, qui devaient coûter ensemble 1.200.000 francs, étaient en chantier à Nantes, chez M. Guibert père. Les machines étaient de la force de 80 chevaux, et les pièces principales étaient presque toutes en cuivre. La première ligne devait être en pleine activité en juillet 1830 : l'ouverture en avait été retardée par les froids excessifs de l'hiver. Madame la Duchesse de Berry, dont le grand-père, Ferdinand Ier, roi des Deux-Siciles, avait aidé Andriel à créer la marine à vapeur napolitaine, était au nombre des actionnaires de la Société Aynard. Les représentants de la Compagnie à Marseille étaient une vieille et honorable maison, MM. Salavy père et fils.

Mais la priorité dans la conception n'était pas tout et, comme le remarquait une note de la rédaction du *Sémaphore,* cette priorité, si intéressante qu'elle fût, était purement secondaire pour le public. La priorité appartiendrait, disait-on, à la Société qui, la première, aurait des bateaux en service.

C'est qu'en effet, presque simultanément, une autre entreprise s'organisait à Marseille. Le 25 février 1830, on annonçait que MM. Charles et Auguste Bazin, négociants marseillais faisaient construire à La Seyne, dans le chantier de

(1) Voir le prospectus du « *Service de Paquebots à Vapeur sur la Méditerranée* ». Marseille, Marius Olive, 1829. (Bibliothèque de la Chambre de Commerce).

MM. Church, maison anglaise installée en France, deux vapeurs destinés, eux aussi, à un service régulier entre Marseille et Naples. Ils coûtaient 400.000 francs chaque.

Il était vraiment temps que Marseille se réveillât. De l'autre côté de la Méditerranée se levait pour elle l'aurore d'un merveilleux avenir : Alger allait tomber entre les mains de la France. Pour cette expédition, si grosse de conséquences heureuses pour elle, Marseille ne pouvait pas fournir un seul vapeur alors que, pendant la concentration de la flotte, deux vapeurs sardes, le *Tevere* et le *Carlo-Felice*, avaient fait un service journalier entre Marseille et Toulon. Dès 1822 il existait déjà 310 vapeurs anglais, dont 57 attachés au port de Londres. Sur les 300 navires à voiles qui furent nolisés à Marseille, de 180 à 190 étaient français, 120 à 130 napolitains ou autrichiens. Cette immense flotte comprenait jusqu'à des tartanes de moins de 30 tonneaux (le *Saint-Philippe*, capitaine Auvergne, d'Agde ; la *Marie*, capitaine Ferrier). L'Etat avait payé 16 francs de nolis par tonneau. En août 1828, pour l'expédition de Morée, on avait affrété 50 gros navires et payé 20 francs par tonneau.

Dans la course à la priorité entre les maisons Aynard et Bazin, celle-ci arrive la première. Le *Scipion*, de la Compagnie Aynard, annoncé le 3 décembre 1830, ne partit que le 11 mai 1831. Le 12 mars 1831, le *Henri-IV* et le *Sully*, de la maison Bazin, avaient commencé leur service sur Gênes, Livourne, Civita-Vecchia et Naples.

Le *Henri-IV* et le *Sully* étaient des navires en bois doublés en cuivre, ayant 79 pieds 6 pouces de longueur (1) (26 m. 23), 18 pieds 7 pouces de largeur (6 m. 10) et 7 pieds 8 pouces de creux (2 m. 53), terminés à l'avant par une guibre, et à l'arrière par un large tableau carré. Les chaudières, du type dit *chaudières à tombeau*, renfermaient une espèce de labyrinthe dans lequel circulait la flamme, l'em-

(1) Il s'agit de la longueur de la quille seulement, les élancements avant et arrière en sus.

ploi des tubes étant encore inconnu. Elles brûlaient énormément de charbon.

Ils étaient munis de machines anglaises, à basse pression (on insistait beaucoup alors sur ce détail, nous verrons plus loin pourquoi). Les passagers étaient logés dans des salons communs, mais il existait aussi des cabines particulières à deux couchettes. Il y avait à bord une femme de chambre.

Le prix des places était, pour Gênes, 105 francs en première classe, 55 francs en seconde ; pour Livourne, 135 francs et 75 francs ; pour Civita-Vecchia, 180 francs et 100 francs ; pour Naples, 230 francs et 130 francs, la nourriture en sus.

Le *Scipion,* de MM. Aynard frères, partait le 11 mai. Il était beaucoup plus petit, sa longueur n'étant que de 56 pieds 10 pouces (18 m. 75). Sa jauge était de 104 tonneaux et sa machine, construite en France, de la force de 80 chevaux. Les tarifs étaient de 5 à 10 francs inférieurs à ceux de la Compagnie Bazin. La concurrence débutait en même temps que la marine à vapeur elle-même ! Elle ne se limitait pas aux deux Compagnies françaises. La Compagnie napolitaine, qui exploitait déjà le *Royal-Ferdinand,* venait d'y ajouter en septembre 1830 la *Belle-Parthénope* et, en avril 1831, le *Francisco-I.*

D'autres projets marseillais relatifs à la navigation à vapeur avaient été ébauchés. En septembre 1829 on annonçait la prochaine constitution de Société André Ferrier et C^ie, au capital d'un million. En janvier 1829, celle de la Société François Barthélemy Rougemont et C^ie, au même capital. Mais les maisons Aynard et Bazin devançaient toutes les autres.

Le mouvement des voyageurs commençait à prendre de l'importance. Le 9 juin 1830 le *Royal-Ferdinand* partait avec 41 passagers. Quant aux marchandises, seuls les articles riches formaient alors la cargaison. Le 16 juin 1831, le *Henri-IV* arrive avec 55 colis de soie, le 24 août, le *Francisco-I* avec 40 colis de soie et 53 groups argent. Le 30 octobre, ce même navire apportait 80 colis de soie et 11 caisses d'étoffes de coton. Il avisait le public que, « vu sa « grande portée (il déplaçait 450 tonneaux), il pouvait rece-« voir un nombre considérable de colis quelles que soient « leurs dimensions ».

A la fin de 1831, cinq vapeurs fréquentaient régulière-ment le port le Marseille, desservant l'Italie, les trois va-peurs français, le *Royal-Ferdinand* et le *Francisco-I.* Tou-lon était relié à la Corse par un autre vapeur, le *Liamone*, de 65 tonneaux.

D'autres navires venaient des ports du Rhône. Dès 1826, la Saône, qui avait vu en 1783 le premier essai pratique du Marquis de Jouffroy, était sillonnée de bateaux à vapeur, favorisés par la lenteur remarquable de son courant. Plus tard, quand les perfectionnements apportés aux machines leur eurent permis d'affronter le courant du Rhône, ils des-cendirent jusqu'à Marseille. Le vapeur *Ville-de-Valence*, de la Compagnie Générale, construit chez Church, à La Seyne, et muni de machines de Barnes, de Londres, relia notre port à celui d'Arles, avec lequel s'établit un trafic très actif de marchandises et de voyageurs, à l'époque de la foire de Beaucaire en particulier. C'était un navire de 39 mètres de longueur et calant seulement 0 m. 65, ce qui lui permettait de franchir les bas-fonds de l'embouchure du Rhône.

Les trois bateaux à vapeur marseillais desservaient les ports d'Italie. Cependant un champ d'action nouveau venait de s'ouvrir à la navigation, puisqu'Alger était devenue terre française. Ce ne fut pourtant qu'en 1832 que le *Scipion* par-tit pour Alger, premier vapeur de commerce ayant relié Marseille à la nouvelle colonie. Son début ne fut pas heu-reux. J'indiquais plus haut que les préventions du public contre les bateaux à vapeur étaient toujours très vivaces. On redoutait les dangers d'explosion des chaudières, et cet état d'esprit devait persister longtemps puisqu'après 15 ans d'expérience, en 1846, on appelait encore les paquebots de M. A. Rostand, des *cratères ambulants.* Aussi les annonces

## Le SAINT-WINIFRED

premier vapeur anglais ayant assuré un service régulier entre Liverpool et Marseille. 1834.

Aquarelle d'Ant. Roux père.

qui paraissaient dans les journaux comportaient-elles toujours des mentions rassurantes : *machines à basse pression, machines à l'abri de toute explosion*, etc...

Toujours est-il que, parti le 20 mai 1832 pour Alger, le
*Scipion* en revenait le 12 juin, avec mauvais temps, quand
une chaudière éclata et, complètement désemparé, le pionnier de la navigation à vapeur sur les lignes d'Algérie dut
(amère dérision) accepter la remorque d'un voilier qui le
ramena à Toulon.

A vrai dire, l'avarie n'eut pas de suites graves, et comme
les journaux le disaient alors en rendant compte de l'événement, il y eut plutôt *échappement de la vapeur*. Cette
expression était plus exacte qu'il n'y parait. Dans les chaudières de cette époque, la pression de la vapeur était un peu
supérieure à une atmosphère, atteignait quelquefois deux
atmosphères et suffisait à actionner le piston, grâce au vide
que produisait dans le cylindre, du côté opposé, la conden-
sation de la vapeur par le condenseur. C'est ainsi qu'on
pouvait lire dans le rapport de mer d'un capitaine anglais :
« Broke the larboard steam pipe ; lapped it with canvas
« and rope yarn and proceeded with low pressure ». « Cre-
« vé le tuyau de vapeur babord ; recouvert la fente avec
« de la toile et du fil de caret, et continué à basse pres-
« sion ».

Son avarie réparée, le *Scipion* reprit son service, mais le
mauvais effet produit sur le public persista, et ses voyages,
assez peu réguliers, cessèrent en 1833.

Il y avait pourtant un intérêt indiscutable à créer, au
moyen de paquebols à vapeur, des relations régulières et
suivies avec notre nouvelle conquête. Après avoir, tout
d'abord, exigé des voyageurs se rendant à Alger les mêmes
formalités que celles que l'on imposait dans les siècles pas-
sés à ceux qui allaient aux Echelles du Levant, le Gouvernement avait consenti, en 1831, à réduire ces formalités à
la délivrance d'un passeport. Il allait en résulter un important mouvement de passagers du commerce. D'autre part,

l'Etat avait besoin d'assurer ses transports de troupes et de munitions autrement que par les navires à voile de la marine de guerre. Celle-ci disposait bien d'un bâtiment à vapeur très réussi, le *Sphinx,* construit en 1830 à Liverpool chez Fawcett, sous la surveillance de M. Hubert, ingénieur de l'Etat, et muni d'une machine de 160 chevaux. Ce fut le *Sphinx* qui apporta en France la nouvelle de la prise d'Alger ; ce fut encore lui qui, mission moins glorieuse, donna la chasse, dans la nuit du 29 avril 1832, au *Carlo-Alberto* qui venait de débarquer à Carry-le-Rouet la duchesse de Berry, lors de son aventureuse expédition. Mais cet unique vapeur ne pouvait suffire et d'ailleurs il différait trop, dans ses aménagements, d'un navire destiné aux transports.

En 1832, la Chambre de Commerce demanda au Gouvernement de confier ces transports à l'armement commercial, par contrat, et moyennant une rétribution déterminée par l'adjudication : c'était la première idée des services maritimes postaux modernes, mais il fallut du temps pour la faire aboutir. Le 11 août 1832, on annonça la mise en adjudication de services de bateaux à vapeur entre Marseille, Alger, Bône et Oran, services à effectuer pour compte du Ministère de la Guerre. L'adjudication devait avoir lieu le 15 septembre. Mais la publication du cahier des charges souleva, de la part du commerce, de véhémentes réclamations et l'adjudication fut ajournée. C'est que l'on considérait, dans les divers Ministères, que les rapports avec la colonie naissante devaient rester sous le contrôle le plus étroit des Départements qui en avaient si brillamment organisé la conquête. Le Gouvernement voulait créer des services ayant un objet exclusivement militaire et postal et effectués par des navires appartenant à l'Etat. Pour bien marquer cette volonté, la tête de ligne de ces services devait être non pas Marseille, mais Toulon ! Non seulement les paquebots de l'Etat ne devaient transporter aucune marchandise du commerce, mais encore aucun passager civil voyageant pour des motifs d'intérêt privé ne pouvait être admis à bord. En vain la Chambre de Commerce fit-elle entendre les plus énergiques protestations contre une exclusion aussi déraisonnable, les Ministères, celui de la Marine surtout, furent inflexibles.

Le service entre Toulon et Alger commença en mai 1833. Il était effectué par les avisos à roues *Nageur, Souffleur, Pélican* et *Castor,* dont les machines de 120 chevaux étaient copiées sur celles du *Sphinx,* affecté lui-même à ce service, et par deux vapeurs plus petits, de 80 chevaux, *Rapide* et *Ville-du-Havre.* Les départs avaient lieu tous les 8 jours. La durée des traversées variait de 60 à 72 heures. Les passagers de l'Etat, mal installés à bord, n'avaient pas plus à se louer de la nouvelle organisation que le commerce de Marseille, dont les correspondances, acheminées via Toulon par malle-poste, subissaient des retards considérables. Les plaintes étaient unanimes, tant à Marseille qu'à Alger, où les négociants français, venus pour s'y établir, se heurtèrent à toutes sortes de difficultés de la part de l'administration militaire et du Gouvernement.

Le 23 janvier 1835, une première satisfaction fut cependant accordée au public : sur avis d'une Commission gouvernementale, il fut décidé que les vapeurs de l'Etat pourraient recevoir jusqu'à 8 passagers civils en deuxième classe et 10 en troisième classe. Ils n'étaient pas admis en première classe, celle-ci étant réservée aux officiers de l'armée et de la marine. La deuxième classe consistait en un dortoir, où l'on payait 105 francs pour le passage. La troisième classe, c'était le pont : elle coûtait 42 francs. Il en fut ainsi jusqu'en 1841, et Marseille ne pouvait communiquer librement et directement avec l'Algérie que par les voiliers ou par les vapeurs qu'y envoyaient MM. Charles et Auguste Bazin. La Maison Aynard ne paraît pas avoir continué les affaires maritimes car, en février 1834, le *Scipion* fut vendu aux enchères, sur une mise à prix de 120.000 francs.

Cependant le mouvement de la navigation à vapeur se développait : les relations avec le port d'Arles s'étaient multipliées et le vapeur le *Commerce-de-Marseille* effectuait le trajet de Marseille à Beaucaire, en juillet 1834, au moment de la Foire, dans un délai de 12 à 14 heures. Le 20 juin de la même année, le canal d'Arles à Bouc, creusé sur l'ordre de Napoléon, et retardé par des tâtonnements dans le tracé et par des difficultés financières, avait été livré à la navigation, bien qu'il ne dût être entièrement terminé que 8 ans plus tard. Il mesurait 47 kilom. 400 de longueur, avec 14 m. 40 de largeur et 2 mètres d'eau. Il avait coûté 15 millions. On imagina alors de relier Arles à Marseille au moyen de *paquebots conduits en poste* (lisez péniches remorquées par des chevaux) sur le canal d'Arles jusqu'à Port-de-Bouc, et correspondant avec une diligence de Port-de-Bouc à Marseille. Cette combinaison singulière ne paraît pas avoir eu de suite.

Les vapeurs étrangers devenaient chaque année de plus en plus nombreux dans le port de Marseille. Les paquebots sardes *Carlo-Alberto* et *Andrea-Doria,* le vapeur anglais *Saint-Winifred,* étaient venus s'ajouter aux premiers navires et maintenaient avec la côte italienne des services réguliers. Mais les initiatives françaises se multipliaient aussi. Le 7 janvier 1834, MM. Cartairade et C^{ie}, 11, rue de la Jussienne, à Paris, annonçaient la fondation de la Compagnie des paquebots à vapeur sur l'Océan et la Méditerranée. Ils faisaient construire à Paimbœuf la coque d'un vapeur dont la machine était commandée chez Maudslay & Sons, et qui serait attaché au port de Marseille. Il s'appelait l'*Océan.* Le 5 février l'*Océan* commençait son service sur Cannes, Nice et la côte d'Italie. Dans une traversée directe de Marseille à Naples, le nouveau vapeur mit 65 heures, faisant une moyenne de vitesse de 7 nœuds 1/2, qui le mettait au premier rang parmi les paquebots en service sur la Méditerrannée. Le 15 juin de la même année, le vapeur *El-Balear,* de 400 tonneaux et 100 chevaux, montra pour la première

## Le RHONE

construit en 1837 aux chantiers des Catalans à Marseille, pour MM. Théron et Cⁱᵉ,

passé en 1843 à MM. Marc Fraissinet et Cⁱᵉ

Aquarelle de François Roux, 1852.

Phot. Ducu

(Collection Jean Fraissinet)

fois le pavillon espagnol à la corne d'un vapeur : il desservait Barcelone.

Si peu important que fût encore le trafic par vapeurs, comparé à celui des navires à voiles, une des premières conséquences de la nouvelle navigation se manifesta dès cette époque. Aux vapeurs, il fallait du combustible, et on en importait d'Angleterre par voiliers. Le 11 juin 1834, le *Mary* apportait 160 tonnes de charbon anglais pour le *Saint-Winifred*. Les houillères du Gard virent rapidement l'énorme débouché qui s'ouvrait pour elles. En janvier 1835, la Société du Chemin de fer d'Alais à Beaucaire se fondait, sous la présidence de M. Talabot, pour mettre à profit la concession obtenue en vertu de la loi du 29 juin 1832, et amener les charbons au Rhône : ils devaient ensuite emprunter la voie du canal d'Arles à Bouc et aboutir à Marseille au grand bénéfice de l'industrie marseillaise et de la marine à voiles elle-même qui allait y trouver un important élément de fret de sortie.

Au commencement de 1835 les armateurs de l'*Océan* lui adjoignirent la *Méditerranée* : leur projet était de desservir les ports d'Egypte et de Syrie, en touchant les ports italiens, Malte et Navarin, mais le choléra et les quarantaines les empêchèrent de le mettre à exécution.

Cette idée était cependant à l'ordre du jour, et le commerce avait, dès le début de l'exploitation des bateaux à vapeur, réclamé vivement la création d'une ligne sur le Levant. Etant données les relations traditionnelles de Marseille avec l'Orient, cette création était aussi indispensable aux intérêts commerciaux qu'au maintien de l'influence de la France dans ces contrées. En décembre 1834, quelques maisons marseillaises fondèrent une société au capital de 6 millions de francs, pour remplir à la fois le double desideratum d'un service sur le Levant et d'un autre service sur l'Algérie. Les vapeurs devaient être de la force de 160 chevaux, avoir un tonnage de 500 tonneaux ; on les construirait à La Ciotat, chez MM. Benet, déjà possesseurs des chantiers des Catalans. On citait même les noms des trois premiers navires qui devaient s'appeler *Duc-d'Orléans, Marseillais* et *Algérien*.

Malheureusement, l'initiative privée allait se heurter à des obstacles insurmontables, mauvaise volonté du Gouvernement et hostilité des Chambres. La société nouvelle sollicitait, en effet, une subvention qui n'était pas cependant très considérable : elle demandait 1.500.000 francs et abandonnait le produit de la taxe des lettres, ce qui réduisait le sacrifice de l'Etat à 1.100.000 francs environ. Elle ne réclamait même que 600.000 francs si l'Etat lui permettait d'employer des vapeurs de 100 à 120 chevaux au lieu de 160.

La Commission parlementaire chargée d'étudier le projet de loi relatif à la création de ces nouveaux services repoussa ces propositions. On fit valoir, pour justifier ce refus, divers arguments, par exemple l'impossibilité où se trouvaient des navires de commerce de faire respecter le pavillon qu'ils portaient, la crainte de voir certains chargeurs favorisés au détriment des autres, etc... Aucune de ces raisons n'était sérieuse, et l'on passa sous silence le véritable motif, semble-t-il, de cette opposition. Il ne faut pas perdre de vue que l'armement à voiles était, à cette époque, de beaucoup le plus important, et qu'il ne voyait pas sans une inquiétude compréhensible le développement de son jeune rival, l'armement à vapeur. Il lui fallait obtenir que la marine à vapeur fût maintenue dans un rôle limité au transport des dépêches et des passagers, et le moyen le plus sûr de n'avoir affaire qu'à un concurrent inoffensif consistait à charger l'Etat lui-même d'assurer les services. En les confiant à une Compagnie privée, on avait tout à craindre de son esprit d'initiative commerciale qui ne manquerait pas de se porter vers le transport des marchandises ; or ce transport, la marine à voiles voulait se le réserver, c'était pour elle une question vitale.

Elle usa donc de son influence auprès des parlementaires, et le 30 mai 1835, la Chambre des Députés adopta les conclusions du rapport de M. Reynard, tendant à faire exécuter le nouveau service du Levant par l'État, et vota le crédit nécessaire. On construirait 10 bateaux à vapeur à aubes, de la force de 160 chevaux, pour desservir trois fois par mois : 1° une ligne de Marseille à Constantinople par Livourne, Civita-Vecchia, Naples, Messine, Malte, Syra et Smyrne ; 2° une ligne annexe de Syra à Athènes et à Alexandrie. Le coût des navires était évalué à 5.940.000 francs, les dépenses d'exploitation annuelles, y compris l'assurance et l'amortissement, à 2.647.126 fr. 08 (admirable précision !). On comptait, par contre, sur la recette provenant de la taxe des lettres (1 fr. jusqu'à 250 lieues marines, 2 fr. au delà) et de l'adjudication à des entrepreneurs spéciaux du droit de recevoir et de nourrir des passagers à bord. L'Administration ne devait donc avoir aucun contac' avec le commerce, et, bien entendu, les marchandises étaient exclues de ses navires.

L'armement privé essaya de réagir. MM. Charles et Auguste Bazin firent une tentative et, au mois d'août 1835, ils envoyèrent à Athènes, par Malte et Syra, leur nouveau vapeur, le *Pharamond*, de 45 mètres de long, d'une jauge nette de 187 tonneaux et muni d'une machine anglaise de 140 chevaux ; mais ce service ne put être maintenu.

Les paquebots de l'Administration furent mis en chantier dans les arsenaux de Cherbourg, Lorient et Rochefort : les machines à balancier, copiées sur celles du *Sphinx*, étaient construites à Indret. Les chaudières, à courants de flamme, chauffaient à la pression de 15 centimètres d'eau. Les aménagements marquaient un grand progrès : l'Administration avait *poussé la sollicitude jusqu'à faire placer un piano sur chacun d'eux* (1). Les paquebots à vapeur du

(1) « Les voyageurs trouvent à bord de ces paquebots tous les agrémens désirables : des chambres commodes, des salons richement ornés, décorés avec goût et garnis de glaces et de tapis. Il y a, en outre, un salon particulier pour les dames, de la musique et un piano ». (*Notice sur le service des paquebots à vapeur de l'Administration des postes de France dans la Méditerranée*. Paris, Imprimerie Royale, 1840).

Levant furent successivement de deux sortes : type *Scamandre*, de 380 tonneaux de jauge, avec machine de 160 chevaux, et type *Alexandre*, de 500 tonneaux, avec machines de 220 chevaux.

Les paquebots arrivèrent l'un après l'autre à Marseille. Après de longs retards, le 1er mai 1837, le premier départ était effectué par le *Scamandre*, commandé par M. Aillard, lieutenant de vaisseau, et le service était inauguré au milieu de l'enthousiasme du public. Les nouveaux navires suscitaient une admiration toute romantique et le rédacteur du *Sémaphore* s'écriait, dans son article : « C'est vraiment un luxe royal ! » Les départs furent fixés aux 1er, 11 et 21 de chaque mois. Le prix des passages, calculé sur la base de 0 fr. 90 par lieue marine en première classe et 0 fr. 60 en deuxième classe, faisait ressortir le coût du billet pour Constantinople à 531 fr. 90, sans compter 10 jours environ de nourriture à 6 francs, en tout près de 600 francs. L'Administration avait établi ses bureaux, ses magasins et un dépôt de 5.000 tonnes de charbon dans une partie du domaine du Marquisat. Le second départ eut lieu le 13 mai par l'*Eurotas*, qui ne put pas partir le 11, le mistral l'ayant empêché de sortir du port. Puis vinrent les autres paquebots, *Rhamsès*, *Sésostris*, *Dante*, *Léonidas*, *Lycurgue*, *Mentor*, *Minos* et *Tancrède*.

L'armement à vapeur marseillais se voyait donc barrer la route du côté du Levant comme vers l'Algérie, et cela sans aucun espoir de pouvoir entrer en lutte avec les vapeurs de l'Etat, puisque ceux-ci enlevaient les passagers, seul aliment rémunérateur sur lequel on put compter avec les navires à aubes. Les machines tenaient, en effet, une place considérable, et il était impossible de charger les bateaux, déjà très alourdis par leur charbon, sans immerger les roues au point d'en gêner le fonctionnement. En 1836, le chargement d'un vapeur venant d'Italie ne dépassait pas 400 à 500 colis, comprenant toujours presque exclusivement des soies et des espèces. Le fret, si élevé qu'il fût, ne pouvait donc pas suffire et couvrir les dépenses.

L'Algérie et le Levant fermés, restait le cabotage sur les côtes de France, d'Italie et d'Espagne. De nouveaux vapeur y furent affectés, qui devaient profiter des avantages que les difficultés de la navigation côtière et le peu de longueur des trajets leur donnaient sur les navires à voiles, aussi bien que sur les transports par terre, aucun chemin de fer n'étant encore créé. Le 10 avril 1836, les chantiers Benet, à La Ciotat, mettaient à la mer le *Phocéen*, de 333 tonneaux, pour le compte de MM. Th. Périer et C<sup>ie</sup>, qui l'expédièrent sur Barcelone au mois de septembre. Le 17 février de l'année suivante, on lançait aux Catalans le vapeur *Rhône*, puis, le 30 avril, l'*Hérault*, tous les deux pour MM. Théron et C<sup>ie</sup> ; ces deux navires semblables, longs de 42 mètres, de 215 tonneaux de jauge nette, mus par des machines de 90 chevaux, commencèrent, le 10 mai 1837, un service régulier sur Cette et Agde, dont le bétail constituait le principal élément de fret. Presque en même temps, MM. Chancel frères mettaient sur la même ligne le *Marseillais*, construit à Toulon, puis, en novembre 1837, leur maison fusionna avec celle de MM. Théron. Un deuxième vapeur de MM. Périer et C<sup>ie</sup>, le *Phénicien*, entra en ligne en juin 1838, et desservit la côte espagnole.

D'autre part, les vapeurs sardes, toscans, napolitains et espagnols se multipliaient : on vit arriver successivement : la *Maria-Cristina*, le *Ferdinand-II*, le *Romulus*, l'*Etrusque*, le *Delfin*, le *Léopold-II*, le *Maria-Antonietta*, etc., etc. Pendant l'année 1838, les seules entrées de vapeurs français et étrangers, venant du grand et du petit cabotage se chiffraient par 621 navires, jaugeant ensemble 150.456 tonneaux.

Aussi le port était-il encombré au delà de toute expression. On y voyait les navires entassés sur sept ou huit rangs. On disposait de 350 mètres de quai pour débarquer les navires longs-courriers, et il fallait, naturellement, suivre un tour de rôle entraînant des retards interminables. L'histoire de tous les projets d'agrandissement du port et des propositions plus ou moins extraordinaires qui surgirent à cette occasion, nécessiterait, à elle seule, tout un volume. Je me bornerai à entrer dans quelques détails sur un sujet dont on se préoccupait depuis bien des années et qui se rattache à la navigation à vapeur, à savoir le moyen de faire sortir du port les navires à voiles par vent contraire.

On avait dû constater, de tout temps, que l'entrée du port de Marseille était orientée de telle sorte que la sortie du port par mistral était impossible pour les voiliers. C'était un inconvénient grave qui entraînait des retards dans les départs des navires et qui, par conséquent, coûtait cher. Le mistral régnait environ 140 jours par an, sur lesquels il avait, pendant 50 jours, une force telle qu'il empêchait absolument la mise en mer des navires, leur faisant ainsi manquer l'occasion de trouver, une fois dehors, un vent qui est précisément favorable aux bateaux quittant Marseille. Les bateaux d'aide étaient tout à fait insuffisants pour surmonter cette difficulté.

La Chambre de Commerce avait ouvert, le 30 décembre 1831, un concours pour l'invention du meilleur moyen de faire sortir les navires du port par vent contraire. Aucun concurrent n'avait été jugé digne du prix qui devait être décerné. C'est que l'opinion de la Chambre de Commerce était nettement que le seul moyen pratique pour réaliser le programme était le remorquage par bateau à vapeur. Elle s'était heurtée à un mouvement d'opinion tout à fait hostile. On trouvait absurde de vouloir employer là des vapeurs qui auraient beaucoup de peine, disait-on, à sortir du port eux-mêmes ; et puis, étant donné le nombre restreint de jours où le vent était vraiment un obstacle, et le peu de navires à sortir ce jour-là, le remorquage atteindrait un prix prohibitif, qu'on évaluait à 2 fr. 75 par tonneau ; et la presse publiait des articles sarcastiques à l'adresse du jury du concours, qui avait écarté tous les concurrents.

Le 26 février 1833, le *Sémaphore* ouvrait ses colonnes aux inventeurs qui n'avaient pas trouvé grâce devant la Chambre de Commerce. Ceux-ci présentèrent donc au public les ingénieuses combinaisons qu'ils avaient imaginées pour résoudre le fameux problème.

M. Degrand proposait de construire sur l'Esteou, rocher qui se trouvait entre le rivage de la Tourette et le Pharo, un moulin à vent. Ce moulin mettrait en mouvement une roue, montée sur un axe vertical et sur laquelle était enroulé un long grelin, lequel grelin allait ensuite tourner sur des poulies amarrées à deux bouées, l'une située à l'entrée du port, non loin de la chaîne, et l'autre au large dans la direction du lit du vent d'où il rejoignait le moulin. Le grelin parcourait ainsi un triangle fermé autour duquel il décrivait un mouvement continu dans le sens des aiguilles d'une montre. Dès lors, le navire qui voulait sortir s'amarrait sur le grelin, était tiré au dehors, après quoi il mettait à la voile. Quand il n'y avait pas de navires à sortir, le moulin devait être utilisé pour moudre le grain !

Un anonyme suggérait un système plus simple. Il consistait à mouiller au large de l'entrée du port, et dans la direction du lit du vent, une bouée avec une poulie. Sur cette poulie venait tourner un grelin qui était amarré, d'une part, au navire qu'il s'agissait de sortir, et, d'autre part, à un autre navire qui orienterait sa voilure de façon à marcher, vent largue, dans une direction N.-N.-E. ou O.-S.-O., avec mistral, et qui tirerait ainsi le navire en partance hors de la passe. Un bateau d'aide ramènerait ensuite le grelin pour une nouvelle opération en rentrant vent arrière.

Un autre projet comportait, comme le premier, un grelin tournant sur des poulies amarrées à des bouées, mais venant s'enrouler sur un treuil à vapeur placé à la Tête de More. M. Toussaint Dervieux, son auteur, calculait que le coût de la traction ainsi assurée pourrait être de 0 fr. 10 par tonneau pour les navires sur lest, et de 0 fr. 20 pour les navires chargés.

Il y avait ainsi 25 projets ! On conçoit que la Chambre de Commerce n'en ait trouvé aucun satisfaisant et ait persisté à penser qu'il fallait employer le remorquage à vapeur.

Au mois d'août de la même année, M. Dervieux proposa un moyen nouveau de faciliter la sortie des navires par vent de Nord-Ouest. C'était de creuser un canal entre le port et l'anse des Catalans. Ce canal aurait eu environ 1.000 mètres de longueur et 50 mètres de large. Il devait permettre aux navires d'entrer dans le port par vent d'Est et d'en sortir avec le mistral, résolvant ainsi tous les problèmes résultant du vent contraire.

Mais, revenant à son projet de touage par treuil à vapeur, M. Dervieux chercha, en février 1834, à fonder une Société pour mettre à exécution son système. Il n'y réussit pas. Cependant l'idée du canal des Catalans subsista et fut reprise en octobre 1834 par MM. Boissieux, Rambaud et Mortreuil avec un objet différent, celui de créer dans l'anse des Catalans un nouveau port, protégé par une jetée de 1.550 mètres et relié au port par la coupure ramenée à une largeur de 20 mètres. On chiffra même la dépense, évaluée à 8 millions. Mais ce projet, le premier sans doute de tous ceux qui visaient à créer des bassins nouveaux au Sud de Marseille, échoua comme tous ceux qui suivirent au cours des années.

La question de l'entrée des navires comme de leur sortie restait ouverte. Le 5 mars 1834, la Chambre de Commerce la reprit, non plus sous la forme d'un concours, mais en en confiant l'examen à une commission. Si l'on considère qu'en janvier 1835 les vents d'Est, soufflant avec une persistance inaccoutumée, firent entrer dans le port un si grand nombre de navires que, les stocks augmentant, une baisse énorme en résultât dans les prix, on comprendra combien il était désirable que le commerce de Marseille ne dépendît plus d'un facteur tel que le vent !

Pendant plusieurs années, la situation resta inchangée. Puis, le nombre des vapeurs attachés au port de Marseille

## Le CHARLEMAGNE
(Commandent V. Coutras)

vapeur construit en 1841 pour MM. Ch. et Aug. Bazin.
Aquarelle anonyme.



(Collection Pierre Coutras)

allant en augmentant, certains armateurs, tels que MM. Théron et Chancel, commencèrent à remorquer les voiliers quand le temps gênait leur sortie. En trois mois, ils avaient ainsi sorti 22 navires, fournissant la démonstration la meilleure de la justesse des vues de la Chambre de Commerce. Celle-ci, en 1838, concédait au capitaine Henry Fraissinet l'établissement d'un service de remorquage par bateau à vapeur et le 3 avril 1839 le premier remorqueur marseillais, l'*Utile,* commençait son service.

En ce qui concerne le port, une Commission présidée par M. Rabaud aîné, chargée d'étudier son amélioration, décida, en 1838, l'élargissement des quais, portés à 15 mètres, son approfondissement à 6 m. 50 et la création de ponts mobiles sur le canal de la Douane, mais la question de son extension restait pendante. Ces quelques travaux reçurent l'approbation du Conseil Général des Bouches-du-Rhône et, en même temps, celui-ci émit le vœu que le service de la Corse par bateaux à vapeur de la Compagnie Gérard (vapeurs *Var, Liamone, Golo*), qui continuait à être effectué au départ de Toulon, fût rattaché à Marseille. Comme celles d'Algérie, les lignes de la Corse ne pouvaient devenir véritablement utiles qu'à la condition d'aboutir à Marseille, et petit à petit cette conviction commençait à se répandre dans tous les milieux.

D'ailleurs, les services assurés par l'Etat étaient si défectueux qu'ils soulevaient partout des plaintes. Sur l'Algérie, MM. Bazin faisaient de temps à autre un voyage avec leurs vapeurs *Pharamond* et *Sully* (le *Henri-IV* s'était perdu en 1834 sur les côtes d'Italie), et bien que l'Administration eût substitué aux premiers navires de nouveaux vapeurs aux noms infernaux (*Styx, Cerbère, Etna, Cocyte, Achéron, Tartare,* etc...), on pouvait constater que les vapeurs de MM. Bazin arrivaient beaucoup plus ponctuellement que les avisos de l'Etat.

Du côté du Levant, on réclamait une modification dans les itinéraires des paquebots de l'administration. Les escales en Italie, qui nuisaient aux entreprises libres en leur enlevant les passagers pour ces destinations, se trouvaient avoir pour conséquence de favoriser les négociants de Livourne et de Civita-Vecchia, au détriment de ceux de Marseille. En effet, les premiers recevaient les nouvelles d'Orient, au retour des navires, avec plusieurs jours d'avance, et, à l'aller, ils pouvaient expédier leurs lettres trois jours plus tard. L'Etat français créait ainsi une situation particulièrement avantageuse aux concurrents de notre commerce. Enfin, la régularité des services laissait fortement à désirer. Les itinéraires avaient été calculés en prenant pour base une vitesse de 7 nœuds seulement et, en dépit de cette modeste évaluation, les paquebots se trouvaient toujours de deux ou trois jours en retard. Compromis lourd et mal venu entre le bâtiment de guerre et le navire de commerce, les paquebots du Levant, auxquels, après bien des démarches, les négociants avaient été autorisés à remettre quelques marchandises, ne pouvaient pas en recevoir plus de dix tonnes faute d'espace. L'expérience de l'exploitation des lignes postales par l'Etat n'était pas heureuse.

Malgré toutes ces entraves, la marine à vapeur grandissait à côté de la marine à voiles. En 1838, le mouvement général du port, entrées et sorties réunies, dépassait 15.000 navires, jaugeant 1.439.335 tonneaux. Marseille était le troisième port du monde, Londres et Liverpool seuls présentant une activité supérieure. Hambourg ne recevait que 93 % du tonnage fréquentant Marseille, Amsterdam 64 %, New-York 63 %, Gênes guère plus de la moitié.

Les vapeurs des compagnies privées commençaient à transporter des marchandises générales. Le 8 février 1839, le *Rhône* arrivait de Nice avec 240 fûts d'huile et 10 tonnes de marchandises diverses, le *Pharamond* avec 850 colis et 22 passagers, l'*Hérault* avec 100 tonnes, etc...

L'élément étranger contribuait largement à cette prospérité. Le service de la Malle Anglaise de l'Inde partait de

Marseille, où les dépêches étaient embarquées sur les vapeurs de l'Etat britannique, transbordées à Malte sur des vapeurs égyptiens (*Generoso*) et acheminées d'Alexandrie sur Suez, où un autre paquebot les recevait pour les porter à Bombay. Marseille était reliée ainsi à l'Inde, et les lettres parvenaient en 30 ou 40 jours à Bombay, et en 50 ou 60 jours à Calcutta. En même temps cette voie nouvelle, sous pavillon étranger, mettait notre port à huit jours d'Alexandrie, tandis que par les paquebots français il fallait de 12 à 14 jours.

La ligne française du Levant étant ainsi distancée par le service anglais, il eût fallu, pour remédier à cette infériorité, supprimer les escales en Italie, et diriger les navires sur Syra, sans autre arrêt que celui de Malte. Au lieu de cette solution simple, le Gouvernement préféra créer une autre ligne. Le 22 mars 1841, la Chambre des Députés examinait dans ses bureaux un projet de loi tendant à construire six paquebots à aubes, de 480 tonneaux et 220 chevaux, pour le service d'Alexandrie via Malte. C'était un type de navire supérieur au type *Scamandre*, qui était de 363 tonneaux et 160 chevaux seulement ; les pales des roues étaient articulées ; ils pouvaient recevoir 140 tonnes de marchandises.

Le projet fut adopté, les vapeurs furent mis en chantier à La Ciotat, et, le 25 novembre 1843, le premier paquebot, l'*Egyptien*, arrivait à Marseille, suivi bientôt par l'*Alexandre*, le *Caire*, etc... Entre temps, la Malle Anglaise avait amélioré son service : les paquebots *Prometheus*, *Alecto* et *Polyphemus*, de 200 chevaux, partaient le 9 de chaque mois, deux heures après l'arrivée du courrier de Londres, atteignaient Malte en 70 heures (9 nœuds), et en repartaient après une escale de 4 heures. Une lettre allait de Londres à Malte en 6 ou 7 jours.

En 1841, la flotte marseillaise se trouvait augmentée du *Nantes-Bordeaux*, de l'*Amsterdam* et du *Tage* (51 m. 40 × 6 m. 80 × 4 m. 22) ; ces deux derniers appartenaient à la

Société l'Europe (directeur, M. Fraissinet). L'*Amsterdam* faisait 3 départs par mois pour Naples : trajet en 50 heures. Le *Tage* desservait Gibraltar et Cadix par la côte espagnole. La maison Bazin avait un nouveau vapeur, le *Charlemagne,* de 160 chevaux. De petits vapeurs, le *Rubis,* le *Saphir,* l'*Entreprise,* reliaient Marseille à Toulon. Les Compagnies sardes, toscanes et napolitaines avaient en service 10 ou 12 navires (*Iberia, Giano, Mongibello, Castor, Pollux, Virgile, Dante,* etc.). Cette abondance de bateaux ne tarda pas à amener une lutte de tarifs entre les diverses entreprises. Pour s'arracher les passagers, on modifiait les dates de départ et les itinéraires n'étaient plus respectés. Stendhal, consul à Civita-Vecchia, s'en plaignit au Gouvernement dans une lettre qui fit l'objet d'une communication de celui-ci à la Chambre de Commerce. On vit alors, dans le *Sémaphore de Marseille,* des annonces pleines d'originalité (1).

Une nouvelle concurrence, émanant une fois de plus de l'État, vint encore s'ajouter à tant d'autres. La Chambre

(1) « MM. les voyageurs pour Livourne, Civita-Vecchia et Naples sont prévenus qu'en partant le dimanche matin par le *Charlemagne,* ils seront rendus à leur destination plus tôt que s'ils s'embarquent sur le *Léopold-II* le samedi soir ». — À quoi la concurrence répondait : « Messieurs les voyageurs sont prévenus qu'en partant avec le *Charlemagne,* ils n'ont pas, comme avec le *Léopold-II,* l'avantage de se reposer un jour et une nuit à Gênes, où ce repos est bien nécessaire, après la plus longue traversée de Marseille en Italie, parcours que les capitaines de la Compagnie ont l'ordre *exprès,* pour la sécurité des voyageurs, d'effectuer sans forcer la machine de leurs paquebots et en ne tenant aucun compte des efforts imprudents de la concurrence ». — Et celle-ci répliquait le lendemain : « L'avis ci-dessus a donné lieu à des observations de la part de l'Administration T...., desquelles il résulte que, mue par un sentiment de philanthropie fort louable, elle a combiné un service de manière à faire reposer MM. les voyageurs un jour et une nuit à Gênes. Ceux-ci doivent en être d'autant plus reconnaissants, qu'ils savent qu'en raison du dimanche, il n'y a pas moyen de faire autrement. Quant à l'ordre *exprès* donné par la Compagnie T... à ses capitaines d'effectuer le trajet sans forcer la marche, il est certain qu'il sera toujours suivi ponctuellement, et pour cause. L'insinuation bienveillante qu'il peut y avoir danger à s'embarquer sur le *Charlemagne* ne fera pas d'impression sur l'esprit de MM. les voyageurs, car ils savent fort bien qu'avec des machines à basse pression, tout accident est complètement impossible ».

### L'OSIRIS

un des paquebots du Levant de la flotte de l'État Français,
lancé en 1843, passé en 1851 aux Services Maritimes des Messageries Nationales.
Aquarelle de François Roux.

Phot Duos.

(Collection
Compagnie des Messageries Maritimes)

des Députés, en décidant la création de la ligne directe sur Alexandrie, avait également approuvé, il est vrai, une proposition ayant pour but de rattacher le service de la Corse à Marseille, mais elle entendait le confier désormais à des navires de l'Etat ne transportant que des dépêches et des voyageurs. Ainsi, notons-le, non seulement le nouvel armement marseillais ne trouvait dans le Gouvernement aucun encouragement, mais de tous les côtés on lui créait des obstacles. Il a fallu l'initiative et la persévérance de nos aînés pour s'imposer dans des conditions aussi défavorables, et pour constituer, malgré tout, la marine à vapeur commerciale.

Toujours à la tête du mouvement, MM. Charles et Auguste Bazin résolurent de s'implanter en Algérie en desservant régulièrement ses ports. Le 3 juillet 1841, ils annoncèrent 3 départs mensuels pour Alger, à 10 jours d'intervalle. Le trajet devait s'effectuer en 48 heures, et les prix de passage étaient fixés à 125 francs en première classe, 80 francs en seconde et 50 francs en troisième, nourriture en sus. Le *Pharamond* commença le service le 20 juillet. Il fut remplacé ensuite par le *Tage,* de la Compagnie Europe, de 500 tonneaux et 200 chevaux. Le *Tage* partit pour la première fois le 5 décembre 1841. Il faisait la traversée d'Alger en 50 à 56 heures. Ce navire, muni d'abord de chaudières construites chez Scott Sinclair et Cⁱᵉ, reçut en 1844 des chaudières tubulaires munies de 45 tubes de 7 centimètres 1/2 de diamètre. Les moteurs à vapeur avaient, depuis 20 ans, réalisé de notables progrès.

Au bout de peu de temps, la supériorité de ces navires sur ceux de l'Etat devint tellement évidente que le Ministère de la Guerre, désireux de profiter des mêmes avantages que le Commerce, passa un marché avec MM. Bazin pour le transport de ses passagers et de son matériel entre Marseille et Alger. L'exécution de ce traité commença le 1ᵉʳ janvier 1842 ; il prévoyait 3 départs par mois sur Alger, fixés aux 5, 15 et 25, de manière à alterner avec ceux du service de l'Etat au départ de Toulon, qui était maintenu. De son côté, l'Administration des Postes prévint le public qu'à dater du 1er février 1842, les dépêches seraient remises aux vapeurs de M. Bazin, concurremment avec ceux de l'Etat.

Tout le monde put apprécier combien ces mesures, trop longtemps différées, étaient justifiées. A diverses reprises le *Tage*, revenant d'Alger, apporta des plis officiels destinés au Gouvernement, que le vapeur de l'Etat, bloqué dans le port par la tempête, avait été obligé de lui confier. MM. Bazin reçurent du Maréchal Bugeaud une lettre des plus flatteuses, par laquelle il affirmait hautement à quel point il était satisfait de leur service. Le *Charlemagne* accomplit plusieurs traversées en 45 heures, rapidité qualifiée alors de *merveilleuse* et qui correspondait à 9 nœuds. D'autre part, le 8 avril 1842, on annonçait le *Sully* pour Bône et Philippeville. Malheureusement, l'un des pionniers de la marine à vapeur, M. Charles Bazin, mourut le 1er août 1843. Il avait du moins pu assister au succès des efforts de sa maison.

Il fallait en effet une vraie hardiesse pour se mettre ainsi carrément en concurrence avec l'Etat : mais l'expérience prouvait que l'on pouvait réussir. L'exemple donné par MM. Bazin fut suivi. MM. André et Abeille firent construire la *Ville-de-Bordeaux*, de 160 chevaux, et se lancèrent également sur l'Algérie avec ce vapeur. La maison Dervieux Barry et Cie y envoya l'*Elbe*. Une lutte de prix s'engagea : les passages tombèrent à 80 francs et 50 francs, le fret des marchandises baissa de 15 francs à 10 francs les cent kilos.

Du côté de la Corse, le service de l'Etat avait été réorganisé, et depuis le 1er août 1843, il était assuré par des vapeurs (le *Périclès*, le *Bastia*) commandés par des lieutenants de vaisseau. Il y avait un départ par semaine pour Bastia, et un autre pour Ajaccio. Ils ne prenaient pas de marchandises, mais seulement des passagers à raison de 50 francs en première classe, et 30 francs en deuxième

classe. Deux services commerciaux ne s'en établirent pas
moins en même temps : l'un par la *Pauline*, de 300 tonneaux, à MM. Boy de Latour et Cⁱⁱ, desservant l'Ile-Rousse,
Bastia et Livourne ; l'autre par les vapeurs *Letizia* et *Golo*,
à la Compagnie Valéry frères, dont la persévérance devait
avoir le même succès que celle de MM. Bazin.

A la même époque se fondait une Compagnie qui n'a pas
cessé de figurer depuis lors, après des développements suc-
cessifs, parmi les plus importantes maisons d'armement de
Marseille. Le 20 mai 1843, M. Marc Fraissinet s'associait
avec MM. Théron, Chancel et un certain nombre de com-
manditaires, et créait la Société des Paquebots à vapeur sur
la Méditerranée, sous la raison sociale Marc Fraissinet et Cⁱᵉ,
pour l'exploitation des vapeurs *Rhône* et *Hérault*. Ils conti-
nuèrent à relier Marseille aux ports de Provence et du Languedoc. En juillet, la Cⁱᵉ Fraissinet leur adjoignit l'*Océan*,
acheté à un armateur concurrent, et le mit sur Gênes et
Livourne.

De son côté, la Compagnie Bazin développait ses services
algériens. Un nouveau traité de 3 ans avec le Gouvernement, signé le 22 mai 1843, l'avait amenée à créer une ligne
sur Oran, puis une autre sur Stora. Son matériel devenant
insuffisant, elle affréta l'*Elbe* et le *Phénicien*, acquit le
*Sphinx* (qu'il ne faut pas confondre avec le navire de l'Etat
du même nom qui se perdit en 1845) et commanda à La
Ciotat un vapeur neuf, *en fer*, de 220 chevaux, le *Philippe-
Auguste*. Le 1ᵉʳ janvier 1845 son contrat fut renouvelé pour
9 ans, et comprit mensuellement trois services sur Alger,
deux sur Oran, deux sur Stora, prolongés, à partir du
1ᵉʳ février 1847, jusqu'à Tunis.

Tout cela représentait un mouvement de vapeurs très
important, car aux navires marseillais venaient s'ajouter
de nouveaux bateaux étrangers : nouveaux paquebots de la
Compagnie Péninsulaire et Orientale, type *Ariel* (800 t., 360
chevaux), faisant Marseille-Alexandrie en 6 jours 5 heures ; vapeur sicilien *Palermo* ; vapeurs napolitains *Hercu-*

*tanum, Capri, Vesuvio* ; vapeur toscan *Lombardo* ; vapeurs sardes de MM. Luchi Rubattino et C^le ; vapeurs espagnols de la Compagnie Gaditane *Primo* et *Secundo-Gaditano, Barcino, Ville-de-Madrid, Mercurio* ; vapeur napolitain *Phare*, etc... L'encombrement du port dépassait toute mesure.

En 1846, la mauvaise récolte ayant nécessité une importation considérable de blés, il y eut des navires jusque dans la passe du port. On dut, par arrêté préfectoral, obliger certains bateaux à opérer par transbordement en rade de Pomègue, au Frioul, à Endoume et à l'Estaque. Les ports du Languedoc reçurent l'ordre de ne plus expédier de navires sur Marseille, faute de place pour les recevoir. Les réclamations si motivées de l'armement et du commerce touchant l'insuffisance du port remontaient bien loin. Après des quantités de projets, d'études et de discussions, après dix ans de débats, on avait enfin abouti à un résultat, et la question de l'emplacement à assigner à un nouveau bassin avait été résolue. Le 20 septembre 1842, M. Deluy-Martiny, au nom du Conseil Municipal, concluait dans son rapport au choix de l'anse de la Joliette. Le 22 août 1843, le Conseil général insistait pour que les travaux fussent commencés. Le 9 mars 1844, le projet de loi était soumis à la Chambre des Députés. Il comportait la construction du *port auxiliaire* de la Joliette, et le creusement d'un canal entre le fort Saint-Jean et la Tourette, travaux évalués à 16 millions.

En attendant, la flotte à vapeur augmentait toujours. La Compagnie Valéry faisait construire le *Commerce-de-Bastia*, MM. André et Abeille la *Ville-de-Marseille*, ce dernier lancé à La Seyne, au chantier Taylor, le 20 juin 1846. Le Rhône était sillonné par 37 vapeurs appartenant à huit compagnies différentes : la Compagnie Générale, les Aigles, les Papins, Sirius, le Voiturier, la Compagnie Méridionale, Bonnardel et Four, etc...

Enfin, toujours en juin 1846, M. Albert Rostand établissait une ligne régulière sur Constantinople, en concurrence

## Le BARCINO
(Commandant Netto)

vapeur espagnol ayant effectué un service régulier entre la France et l'Espagne de 1845 à 1870.
Aquarelle de François Roux, 1846.

directe avec les paquebots du Levant de l'Etat. Le 11 juillet, le vapeur en fer *Hellespont*, de 220 chevaux, mesurant 50 m. 45 de longueur, 6 m. 85 de large et 4 m. 34 de creux, construit à La Ciotat, inaugura un service bi-mensuel touchant à Livourne, Malte, Syra et Smyrne. Le 5 juillet, les mêmes chantiers avaient lancé l'*Oronte*, et quelque temps après la flotte était complétée par le *Bosphore*.

Le commerce obtenait donc enfin la ligne depuis si longtemps réclamée : les produits de l'industrie marseillaise allaient pouvoir être rapidement transportés sur les marchés d'Orient. Les passagers, de leur côté, trouvaient à bord un confort inusité, médecin, femmes de chambre, et tous ces progrès étaient dus à l'initiative privée.

L'ouverture de la ligne de Constantinople, desservie par les vapeurs de la Compagnie Rostand, coïncide avec une époque remarquable de l'histoire maritime de Marseille. L'armement libre avait définitivement conquis la Méditerranée, et, en dépit des entraves créées par l'Etat, malgré la concurrence d'une marine étrangère plus ancienne, ses navires à vapeur visitaient tous les ports, de Gibraltar à Constantinople. La flotte à vapeur marseillaise était née, et renfermait déjà les éléments primitifs qui devaient plus tard constituer notre armement actuel. Plusieurs de nos grandes compagnies de navigation d'aujourd'hui, et parmi celles-ci la plus importante compagnie marseillaise, s'y trouvaient dès lors en germe. La création étant réalisée, la période de développement allait s'ouvrir.

Une révolution dans la construction et dans le mode de propulsion des navires venait le hâter. Le fer se substituait au bois pour la confection des coques, augmentant la solidité et la capacité utile ; puis, transformation bien autrement grosse de conséquences, les roues à aubes allaient faire place à l'hélice ; le nouveau propulseur, modifiant complètement les conditions de déplacement et d'immersion des navires, ouvrait la voie à la véritable marine de commerce, celle des vapeurs porteurs de cargaisons considérables, amenait l'abaissement des frets et étendait aux produits pauvres le privilège des transports rapides.

D'autre part, les premiers chemins de fer commençaient à fonctionner : la ligne d'Alais à Beaucaire était en service ; celle d'Avignon à Marseille était presque terminée. Quant au port, il grandissait avec la flotte : la Joliette sortait lentement des eaux, premier anneau de la longue chaine de nos bassins modernes. De tous les côtés le progrès marchait à grands pas, et la marine marseillaise devait bientôt franchir les bornes de la Méditerranée et aborder les navigations lointaines.

*<br>**

Au commencement de 1843, M. Augustin Normand mettait à la mer, au Havre, pour le compte de l'Etat, un aviso gréé en goélette qui prit le nom de *Napoléon* ; il fut muni d'une machine de 120 chevaux, construite à Londres, chez Barnes, et qui actionnait un propulseur nouveau, une hélice, fabriquée par Nulls, au Havre. L'emploi de la vis d'Archimède, pour faire marcher les navires, était entré dans le domaine pratique à la suite des essais faits en Angleterre par Smith et Rennie, employant un appareil semblable à celui que Frédéric Sauvage avait inventé en France, mais que, faute d'argent, il n'avait pas pu expérimenter sur une échelle suffisante.

Après quelques essais dans la Manche, le *Napoléon* fut envoyé à Marseille, sous le commandement de M. de Montaignac, pour y procéder à des études comparatives sur la valeur de l'hélice et des roues à aubes.

J'ai encore pu voir et visiter, dans les dernières années du siècle dernier, le *Napoléon*, devenu le *Corse*, amarré à Marseille dans le Port-Vieux. Il fut envoyé plusieurs fois de Toulon à l'occasion des régates. Sa machine, du système dit *à cloche*, comportait des cylindres placés verticalement dans l'axe du navire *sous* l'arbre de couche, auquel les pistons transmettaient le mouvement au moyen de quatre tiges, entre lesquelles passait l'arbre, et d'une bielle en retour. Cette machine donnait 22 tours (on disait autrefois 22 coups) et la vitesse pouvait atteindre 11 nœuds.

Le 4 janvier 1845, le *Napoléon* fut affecté au service postal de la Corse. Une avarie de machine, qui l'obligea, en février 1846, à gagner Ajaccio à la voile, puis à revenir à Toulon de la même manière, démontra clairement la supériorité de ce type sur les vapeurs à aubes.

Frappée de ces avantages, la Compagnie Valéry mit, en 1847, sur la ligne de Marseille à Bastia et à Livourne, le *Bonaparte*, vapeur à hélice, en fer, de 120 chevaux, construit à La Ciotat. Le *Bonaparte* a été le premier vapeur à hélice marseillais.

Cette initiative fit, une fois de plus, ressortir combien il était inutile de maintenir sur la Corse le service des navires de l'Etat. L'administration accusait une perte de 360.000 francs par an ; or, la Compagnie Valéry ne demandait que 120.000 francs pour assurer un service identique, avec une flotte de sept vapeurs, dont un doté du nouveau propulseur. La logique mit encore deux ans à s'imposer. En janvier 1850 seulement, M. Fould, ministre des Finances, déposa et fit adopter un projet de loi relatif à la concession à la Compagnie Valéry du transport des dépêches pour la Corse. Le 26 juillet 1850, celle-ci commença un double service direct sur Bastia et sur Ajaccio, auquel s'ajouta, en décembre, un troisième service sur Calvi et l'Ile-Rousse.

La flotte comprenait les vapeurs *Pozzo-di-Borgo, Maréchal-Sebastiani, Télégraphe* (petits vapeurs desservant les annexes), *Letizia, Commerce-de-Bastia, Comte-de-Paris* et *Courrier-de-Corse*. Le *Bonaparte* avait malheureusement coulé en octobre 1847, dans un abordage avec le *Comte-de-Paris*.

Il faut maintenant jeter un regard en arrière et reprendre à son origine une question qui intéressait au plus haut point l'armement marseillais, celle que l'on désignait alors sous le nom de *question des paquebots transatlantiques*. Si Marseille a attendu l'année 1853 pour envoyer des vapeurs parcourir les océans, ce n'est ni manque de courage de la part de ses capitalistes, ni défaut d'initiative chez ses armateurs. En 1838, les vapeurs anglais *Sirius* et *Great-Western* effectuaient la première traversée de l'Atlantique. Ils avaient mis 17 jours de Cork et de Bristol à New-York, autant qu'un voilier qui, en juillet 1838, vint de New-York à Plymouth dans le même délai, mais le problème de la navigation transatlantique par navires à vapeur était résolu. Au lendemain même de ce grand événement, Marseille mettait un projet à l'étude. Le 2 septembre 1839, le Conseil général émettait un vœu favorable aux idées de M. Luce pour l'établissement de services subventionnés entre Marseille et New-York ; Marseille, les Antilles et la Nouvelle-Orléans ; Marseille, le Sénégal, le Brésil et la Guyane. Le *Journal des Débats* traitait la même question, mais dans un sens peu favorable à Marseille. L'année suivante, en février, M. Luce présentait un rapport à la Chambre de Commerce et précisait les conditions de son projet. Le service devait comporter d'abord un départ mensuel de Marseille, par la côte d'Espagne et Madère, à la Martinique, la Havane et la Nouvelle-Orléans, avec 4 vapeurs de 400 chevaux ; un vapeur annexe, de 150 chevaux, devait relier la Martinique aux Antilles, et un autre la Havane à Vera-Cruz.

Une Société se fonda pour la réalisation de ce programme, l' « *Association pour la navigation transatlantique de Marseille en Amérique* » ; elle demandait à l'Etat une subvention de deux millions par an. Le capital, fixé à six millions, fut constitué par une souscription ouverte au commencement de 1840 et couverte en quelques jours. Les Chambres de Commerce de l'Est et de la région du Rhône,

Lyon surtout, avait prêté un concours des plus actifs. Certes, il était impossible de présenter au Gouvernement plus de garanties et d'éléments de succès ; néanmoins les propositions de la Société furent repoussées. On se heurtait au même esprit, hostile à toute entreprise particulière, dont Marseille avait déjà tant souffert. Sur l'Océan, comme sur la Méditerranée, les lignes postales devaient appartenir à l'Etat.

Le 16 mai 1840, M. Thiers, président du Conseil, présenta un projet de loi portant création de trois lignes transatlantiques : du Havre à New-York, de Bordeaux et de Marseille aux Antilles, à desservir, comme les lignes du Levant, par des paquebots de l'Administration des Postes. Le 24 mai, la Commission de la Chambre des Députés, présidée par M. de Salvandy, procéda à la répartition des services. Bordeaux eut un départ tous les 20 jours sur la Martinique et la Havane, Marseille un départ mensuel seulement ; on ne tenait guère compte, on le voit, de l'initiative dont notre port avait fait preuve.

Les navires, au nombre de quatorze, devaient être d'un type nouveau à roues, de 1.500 tonneaux et 450 chevaux, commandés par des officiers de marine ou par des capitaines au long cours. Ils pouvaient recevoir de la marchandise, pour laquelle un tonnage de 200 tonneaux était prévu. La gestion commerciale du navire était confiée à un agent commissionné, qui devait s'occuper des passagers et des marchandises, et qui tenait lieu de capitaine aux effets commerciaux prévus par les articles du titre IX du livre 2 du Code de Commerce. Les vapeurs furent mis en chantiers dans les arsenaux, le *Darien* et l'*Ulloa* à Cherbourg, le *Canada*, le *Christophe-Colomb* et le *Magellan* à Brest, le *Caraïbe*, le *Cacique* et l'*Eldorado* à Lorient, le *Groenland*, le *Montezuma*, le *Panama* et l'*Albatros* à Rochefort, le *Labrador* et l'*Orénoque* à Toulon. Quatre vapeurs de 220 chevaux destinés aux services annexes, l'*Espadon*, le *Caïman*, le *Phoque* et l'*Elan*, furent faits aussi à Toulon. Les machines étaient

réparties entre l'usine d'Indret et les maisons Cavé, de
Paris ; Schneider, du Creusot, et Halleti, d'Arras. Le Gouvernement avait formellement refusé de confier la construction d'une partie de ces navires aux chantiers privés, car il
s'agissait, disait-il, de bâtiments qui devaient être *propres
pour la guerre,* et dont la solidité ne saurait offrir trop de
garanties. En fait ces paquebots étaient des frégates.

La Chambre des Députés avait voté un crédit de 28 millions ; la dépense annuelle était évaluée à 11 millions. On
commettait, en somme, les mêmes fautes que pour les services du Levant, dépenses énormes, navires lourds et trop
lents, et les inconvénients du système étaient si visibles
qu'avant même l'ouverture du service, on y renonçait !

Le 18 février 1845, la *Revue de Paris* annonçait que le
Gouvernement paraissait avoir abandonné l'idée d'exploiter les services transatlantiques, et revenait à la conception
de compagnies particulières qui reprendraient le projet
avec des vapeurs *en fer,* portant 600 tonnes de marchandises. En juillet 1845, le renseignement se confirmait ; mais
alors de nouvelles difficultés s'élevèrent, et le véritable
motif de l'opposition faite à l'armement à vapeur se montra au grand jour. C'est que les compagnies privées ne dis-
simulaient pas leur intention de renoncer à l'emploi de
paquebots à aubes, dont l'exploitation sur de longs parcours était reconnue impossible, en raison de leur faible
portée. Elles se proposaient de créer, grâce à l'hélice, une
navigation nouvelle, la *navigation mixte.* Les navires rece-
vraient une mâture assez importante pour leur permettre
de profiter des vents favorables, mais en même temps ils
seraient munis d'une machine à hélice, grâce à laquelle
leur marche ne serait jamais ralentie. La solution du problème de la navigation rapide et à bon marché paraissait
trouvée ; les paquebots mixtes brûleraient moins que les
paquebots à roues tout en portant beaucoup plus. En présence d'un tel programme, l'armement à voiles se sentit
plus gravement que jamais menacé : il fit agir tous ses par-

tisans et mit en œuvre tous ses moyens de défense. En 1848, la Chambre de Commerce de Bordeaux protesta contre l'affectation aux lignes postales de navires commerciaux au lieu de paquebots portant seulement la poste et les passagers : c'était *tuer la marine à voiles*. « Remplacer la voile « par la vapeur pour le transport des marchandises, et sur- « tout pour la navigation lointaine, n'était-ce pas, de gaîté « de cœur, réduire le nombre de nos marins et surtout nuire « à leur expérience et à leur aptitude? » Tel était le thème des opposants, et il faut bien le dire, ces raisonnements trouvèrent de l'écho même à Marseille. On réussit à faire ajourner indéfiniment l'adjudication qui avait été annoncée.

Entre temps, le mouvement de la navigation nouvelle à Marseille prenait une extension extraordinaire. En 1847, on comptait à l'entrée et à la sortie 1.129 vapeurs jaugeant 347.273 tonneaux, sans y comprendre le cabotage français. En janvier 1848, l'ouverture à l'exploitation du chemin de fer d'Avignon à Marseille apporta un nouvel élément d'activité. La Compagnie Bazin avait fait construire à La Ciotat le *Mérovée*, de 220 chevaux : elle affectait aux services d'Algérie une flotte qui comprenait ainsi 9 vapeurs : l'*Elbe*, le *Sphinx*, le *Phénicien*, l'*Amsterdam*, le *Tage*, le *Charlemagne*, le *Pharamond* et le *Philippe-Auguste*, ces derniers *en fer*. En avril 1847, elle créait un service bi-mensuel sur Tunis, via Philippeville et Bône. Un vapeur cettois, le *Languedoc*, de 600 tonneaux et 300 chevaux, reliait Cette à Alger 3 fois par mois. La Compagnie Bazin desservait aussi cette ligne. L'Etat n'avait pas, cependant, complètement renoncé à s'occuper de transports sur l'Algérie. En 1848, les convois de colons étaient pris par les frégates à vapeur; le premier, de 840 personnes, partit par l'*Albatros* (l'un des paquebots construits par l'Etat pour les services transatlantiques, dont le projet n'avait pas eu de suite, et restés incorporés à la marine de guerre). Trois autres convois s'opérèrent dans les mêmes conditions. Les services d'Etat continuaient sur le Levant; l'Egypte et Constantinople.

Divers autres armements desservaient aussi l'Algérie, avec de petits vapeurs à hélice, la *Glaneuse*, le *Pourvoyeur*. Le 10 octobre 1849, la *Bretagne*, de M. Chargé fils, revenait d'Algérie ayant dans son chargement du minerai de fer; quelques années auparavant, on eût considéré comme une folie de disputer aux voiliers une marchandise aussi pauvre.

La concurrence était fort rude entre toutes ces lignes, mais elle conduisait ensuite à des arrangements. En août 1847, toutes les lignes françaises et étrangères desservant l'Italie s'entendirent pour faire alterner leurs départs : il y en eut une chaque jour impair, soit 15 par mois. Et puis l'aliment augmentait : le 14 novembre 1849, le *Pharamond* revenait d'Oran avec 208 passagers.

Les pavillons étrangers étaient largement représentés. Je citerai entre autres deux compagnies, l'une anglaise: la Compagnie Péninsulaire et Orientale, l'autre anglo-italienne : Mac-Kean, Mac Larty et C$^{ie}$, qui reliaient régulièrement Marseille à Liverpool par de puissants vapeurs à hélice, partant tous les 20 jours, et correspondant à Liverpool avec les paquebots pour New-York. (Consignataires Folsch et C$^{ie}$ : *Levantine*, *Miranda*, *Livorno*, *Genova*, *Trinacria*, etc...). La Malle de l'Inde utilisait des vapeurs de plus en plus rapides (*Triton*, *Medina*, de 320 chevaux, en 1850 ; *Banshee*, *Caradoc*, de 360 chevaux, en 1851), et le trajet de Marseille à Malte était réduit à 53 heures (12 nœuds). On construisait encore des vapeurs à aubes, chaque fois qu'il s'agissait de services pour lesquels le transport de marchandises était sans intérêt, ou de traversées très courtes. N'oublions pas qu'il y a 30 ans, les plus puissantes *malles* reliant l'Europe à l'Angleterre étaient encore des paquebots à roues. Les vapeurs de la Compagnie Valéry, construits en 1851: *Progrès*, *Industrie*, étaient à aubes. J'ai connu l'*Industrie* qui, en 1878, subsistait encore, désarmée dans le Port-Vieux.

En 1851, les navires à vapeur tenaient beaucoup de place

## L'ORONTE

(Commandant de Pélissot)

vapeur construit en 1846 pour MM. Rostand et C<sup>ie</sup>,
passé en 1851 aux Services Maritimes des Messageries Nationales

Crayon rehaussé de François Houx, 1854

Phot. Duco

*(Collection Hubert Giraud)*

dans le port. Il y avait en France 291 vapeurs (non compris, bien entendu, les navires de guerre), jaugeant 40.410 tonneaux et d'une force globale de 19.771 chevaux. Marseille était le port d'attache ou d'escale de 49 vapeurs français. Les paquebots de l'Etat étaient mouillés sous le Fort Saint-Nicolas, à côté de ceux de la Malle Anglaise ; ceux des lignes d'Afrique, de Corse, d'Espagne et d'Italie, à la Pierre-de-Marbre ; ceux du Languedoc, au quai Saint-Jean. Ils n'allaient pas tarder à quitter cet étroit refuge, car dès 1848, la Joliette avait pu offrir un abri à des frégates qui se trouvaient mal mouillées en rade d'Endoume, et qu'on ne pouvait pas songer à faire entrer dans le port, toujours effroyablement encombré.

L'année 1851 fut marquée par un événement d'une haute importance pour Marseille, la création de la Compagnie qui devint plus tard la Compagnie des Messageries Maritimes. Depuis l'établissement de la ligne du Levant de M. A. Rostand, le maintien des services de l'Etat était vivement combattu. Leur exploitation n'avait pas seulement motivé les plaintes les plus vives, elle avait aussi donné des résultats financiers déplorables : en 13 ans, l'Etat avait perdu 37 millions, et cela sans réussir à satisfaire personne. On allait se résoudre, sous la pression de l'opinion publique, à provoquer des offres de compagnies particulières pour l'exécution du service postal.

C'est alors que M. A. Rostand, dont la récente entreprise avait puissamment contribué à prouver la supériorité de la navigation commerciale, conçut le projet de reprendre les services de l'Etat, et se rendit à Paris afin d'y chercher le concours financier dont il avait besoin. Il s'adressa à la Compagnie des Messageries Nationales, et se mit en rapport avec M. Ernest Simons, qui, séduit par les idées de l'armateur marseillais, détermina ses collègues au Conseil d'Administration de cette Société à entrer dans les vues de M. Rostand. Les Messageries Nationales (antérieurement Messageries Impériales, puis Royales) s'étaient consacrées pendant plus d'un siècle aux transports par diligences, mais leurs chefs comprenaient fort bien que l'ère de ce mode de transport était près de se clore, et que la concurrence des chemins de fer ne laissait à leur industrie que peu de temps à vivre. Sur mer, au contraire, l'avenir s'ouvrait sans limites, tout étant à faire. Le moment était favorable pour créer les Messageries Maritimes.

Le 22 février 1851, l'Etat agréa les offres de la Compagnie et un traité fut signé. L'Administration lui cédait, au prix d'estimation, 12 ou 13 paquebots du Levant ; la Compagnie acquérait, en outre, les trois vapeurs de la Compagnie Rostand. La concession était donnée pour vingt ans, et la subvention, fixée à 3 millions pendant les dix premières années, devait ensuite décroître de 100.000 francs par an. En échange, la Compagnie devait assurer trois départs par mois pour Malte, par Gênes et la Côte d'Italie, trois départs pour Constantinople, par Malte, Syra et Smyrne, et deux départs pour Alexandrie, par Malte ; enfin, un départ tous les 20 jours de Constantinople à Alexandrie, par les Echelles. Au total, les parcours atteignaient 103.000 lieues marines par an. La convention fut ratifiée par la loi du 8 juillet 1851 et entra en vigueur le 9 septembre.

Le 19 janvier 1852 fut définitivement constituée, au capital de 24 millions, la Compagnie des Services Maritimes des Messageries Nationales. La nouvelle Société étant fondée, M. E. Simons s'associa deux hommes de premier ordre, Dupuy de Lôme, le plus grand ingénieur maritime de son temps, et M. Armand Béhic. Les Messageries savaient que le matériel cédé par l'Etat ne répondait pas aux nécessités d'un service commercial et qu'il fallait construire une flotte. Dupuy de Lôme mit sur chantier de nouveaux navires à La Ciotat, dont la Compagnie avait acquis les établissements, tandis que M. Béhic organisait le service et les agences. Le 24 mai 1852 on lançait le premier navire construit pour la nouvelle société, le *Périclès*, vapeur à aubes, de 281 tonneaux de jauge brute, 120 chevaux, long de 46 mètres, large de 6 m. 46 et pouvant loger 162 mètres cubes de cargaison.

Presque à la même époque, MM. Louis Arnaud et Touache frères fondaient, en grande partie avec des capitaux lyonnais, la Compagnie de Navigation Mixte. L'objectif de cette société était l'emploi de vapeurs à hélice et à voiles, brûlant peu de charbon et portant beaucoup de marchandises. Le premier vapeur de cette Société, le *Du-Tremblay*, était arrivé le 18 février 1852 de La Seyne (chantier Taylor) ; il jaugeait 196 tonneaux, portait 350 tonnes de marchandises, et 50 passagers. Ses dimensions étaient longueur, 40 m. 86 ; largeur, 7 m. 03 ; creux, 4 m. 34. Il s'agissait encore à cette époque de bien petits bâtiments. Le 28 février, il effectuait son premier départ pour Alger.

Le nom du nouveau navire était celui d'un ingénieur qui avait porté ses recherches sur l'économie dans la consommation des machines à vapeur. On brûlait encore, en 1850, de 4 à 5 kilos de charbon par cheval et par heure, et il était naturel de chercher à diminuer l'énorme déperdition de chaleur qui se produisait. La solution proposée par M. du Tremblay consistait à se servir de la chaleur conservée par la vapeur d'eau à sa sortie des cylindres pour vaporiser un liquide choisi parmi ceux qui passent à l'état gazeux à une basse température, l'éther par exemple, et à faire agir à part cette seconde vapeur sur un piston, dans les mêmes conditions que la vapeur d'eau. Ce système avait déjà été appliqué à Lyon sur une machine fixe de 50 chevaux (1).

Avec une hardiesse bien remarquable, il y a trois quarts de siècle, MM. Arnaud et Touache se décidèrent à tenter l'application du système de Tremblay à la navigation. En 1853, après 36 voyages effectués avec un moteur à vapeur ordinaire, la machine du *Du-Tremblay* fut transformée en machine à vapeurs combinées d'eau et

(1) Un peu plus tard, ce système trouvait également son application sur le *Galilée*, aviso de la marine impériale, commandé par le lieutenant de vaisseau Lafond, inventeur des machines actionnant cette unité au moyen de la vapeur d'eau et de chloroforme au lieu d'éther.

d'éther, travaillant sur deux cylindres égaux. L'innovation était pleine de dangers, en raison de l'extrême inflammabilité de l'éther. Des précautions minutieuses étaient nécessaires : toute communication était supprimée entre la chaufferie et la chambre des machines où l'on n'employait que des lampes de mineurs. Aussi, le président de la Commission de surveillance des bateaux à vapeur voulut-il assister lui-même aux essais à la mer, consistant en un voyage de Marseille à Alger. Parti le 7 juin 1853, le *Du-Tremblay* arrivait à Alger le 9, après une traversée de 53 heures, soit à 6 nœuds 1/2. Comme vitesse, c'était médiocre, mais la machine n'avait que 70 chevaux de force, elle avait marché sans accident, sans même stopper, donnant 64 tours, et, point capital, la consommation qui était, avec la machine à vapeur, de 4 kilos 51, se trouvait réduite à 1 kilo 16, soit une diminution de 75 % : c'était prodigieux et bien fait pour donner la conviction que la navigation mixte, avec les machines à vapeurs combinées, allait être la navigation de l'avenir. Cette pensée inspira plusieurs personnalités entreprenantes. Elle était la base d'un projet de MM. Folsch et Cⁱᵉ, consistant à créer une ligne de Marseille sur Gorée et le Brésil avec 4 vapeurs à hélice, portant 550 tonnes de marchandises, 250 tonnes de charbon en soutes, avec des machines de 170 chevaux, faisant 8 nœuds, du type du vapeur anglais *Genova*. En novembre 1852, une société fut fondée, ayant à sa tête MM. Frisch et Fraissinet. Une souscription fut ouverte pour l'émission d'une première tranche de 8 millions : à la fin du mois la somme était réunie. Néanmoins l'affaire n'eut pas de suite.

Le projet fut repris alors par MM. Arnaud et Touache. En avril 1853, ils passèrent aux chantiers Taylor la commande de deux navires de 2.100 tonneaux, munis de machines à vapeurs combinées, comme le *Du-Tremblay*, pouvant faire 9 à 10 nœuds, et aménagés pour 100 passagers de cabine et 300 troisièmes, susceptibles de prendre 1.000 tonnes de marchandises. Dénommés la *France* et le *Brésil*,

## Le PÉRICLÈS

lancé en 1851, le premier navire à vapeur construit pour les Services Maritimes des Messageries Nationales
Aquarelle anonyme.

mesurant 66 m. 25 de long sur 10 m. 60 de large, avec des
machines de 320 chevaux, ils devaient relier Marseille à
Rio-de-Janeiro en 28 à 30 jours. Les mêmes chantiers leur
avaient déjà livré, en 1852, l'*Atlas,* vapeur de 46 m. 70 de
long par 7 m. 30 de large, et en 1853, l'*Avenir,* celui-ci de
1.500 tonneaux de déplacement et 250 chevaux. En attendant la mise en ligne de ses deux grands vapeurs, la Compagnie Mixte inaugura le premier service transatlantique
marseillais le 25 novembre 1853, avec l'*Avenir* qui fit route
sur Pernambuco et Rio-de-Janeiro en touchant en Espagne,
à Lisbonne, aux Canaries et à Gorée. L'*Avenir* fit un
deuxième départ le 28 juin 1854. La *France,* lancée le 23
mai 1854, ne fit son premier départ pour le Brésil que le
25 août 1856, la guerre de Crimée étant venue absorber tout
le matériel de la flotte marchande. Ce voyage ne fut pas
heureux, car la *France* disparaissait dans un incendie en
rade de Bahia le 28 septembre, incendie vraisemblablement
causé par sa machine à éther. Concurrencée sur la ligne du
Brésil par une ligne italienne, la Compagnie Transatlantica de Gênes, la Compagnie de Navigation Mixte se trouva
bientôt dans une situation difficile. La ligne italienne desservait mensuellement New-York et le Brésil. Les premiers
départs eurent lieu le 22 octobre 1856 par le *Genova* et le
22 novembre par le *Torino.* D'autre part, l'Etat allait traiter
avec la Compagnie des Messageries Maritimes pour le service postal à destination du Brésil, au départ de Bordeaux.
Livrée à ses seules ressources, la Compagnie de Navigation
Mixte arrêta son service au milieu de l'année 1857.

Pendant ce temps, la Compagnie Fraissinet, ou plutôt la
Compagnie Marseillaise de Navigation à vapeur, prenait un
large essor. En 1853 elle absorbait les Sociétés Marc Fraissinet et C<sup>ie</sup> et Marc Fraissinet et fils, dont elle avait eu jusqu'alors la gérance. Elle réunit ainsi sous son pavillon le
*Rhône,* l'*Hérault,* l'*Elbe* et l'*Isabelle.* Ce dernier vapeur
était à hélice (800 tonneaux-200 chevaux) et en 1852, il avait
commencé un service sur l'Espagne, prolongé ensuite par

4

la côte du Portugal jusqu'à Rouen. En 1853 elle fit construire la *Provence* pour ce même service, et en 1854 l'*Helvétie*, de 57 mètres de long sur 8 m. 55 de large, machine de 180 chevaux, par la Compagnie des Forges et Chantiers de la Méditerranée qui avait succédé à MM. Taylor.

En 1852, on annonça un remaniement des services d'Algérie. Effectués depuis 10 ans par la Compagnie Bazin, ils comprenaient alors douze départs par mois pour Alger. Le cahier des charges de la nouvelle adjudication prévoyait 17 départs, dont 4 de Marseille, 2 de Cette et 1 de Toulon pour Alger ; 3 de Marseille sur Stora, et autant sur Oran ; un de Cette sur chacun de ces ports et un service d'Oran à Cadix.

L'adjudication fut enlevée, le 27 décembre 1852, par une Compagnie cettoise qui s'était créée spécialement avec ce but et qui prit le nom de Compagnie Impériale entre la France et l'Algérie (Taffe fils de Jacques, M. Rebuffat, Caffarel et C^{ie}). Le service devait commencer le 1^{er} janvier 1854.

La Compagnie Impériale ouvrit une souscription pour porter son capital de un à cinq millions. Il lui fallait, d'après son programme, construire 10 vapeurs de 350 chevaux, en fer et à hélice, et 6 autres de 80 à 120 chevaux. On lança à Cette, le 19 mars 1853, un de ces derniers, la *Province-d'Oran*, qui effectua un premier départ le 30 juin pour Philippeville et Stora. Pour commencer son service, la Compagnie Impériale acquit ou affréta un certain nombre de bateaux à aubes ou à hélice, déjà affectés aux lignes d'Algérie ou venus du Nord de la France, la *Méditerranée*, le *Havre*, le *Hambourg*, le *Languedoc*, l'*Isly*, la *Province d'Alger*, la *Ville-de-Marseille*, etc. Malheureusement pour elle, la Compagnie Impériale dut bientôt, faute de capitaux, renoncer à la lourde charge qu'elle avait cru pouvoir assumer et le Gouvernement fut contraint de recourir à un autre entrepreneur.

La Compagnie des Messageries Impériales offrit alors
ses services ; ils furent agréés et, par traité du 25 février
1854, elle prit le lieu et place de la Compagnie Impériale
défaillante. Le 28 novembre de la même année, une convention additionnelle assignait au marché une durée de 17 ans.
La Compagnie des Messageries Impériales utilisa d'abord
les vapeurs qui formaient la flotte de la société déchue,
puis, dès le mois de juin, elle se débarrassa d'une partie de
ce matériel démodé. Les chantiers de La Ciotat, qui avaient
lancé, en juillet 1853, le *Thabor,* puis le *Sinaï* (1) (mai 1854),
dont la vitesse aux essais atteignait 13 nœuds 1/2, travail-
laient activement à rajeunir la flotte.

Ces progrès s'imposaient en regard de ceux que réalisait
l'étranger sous nos propres yeux. Le gouvernement anglais
avait, comme l'Etat français, renoncé à faire exécuter le
service postal par des navires de l'Etat. En janvier 1853, il
confia le service de la Malle des Indes à la Compagnie
Péninsulaire et Orientale (agents Robert Gower et C^ie, puis
Estrine et C^ie), fondée en 1837, qui mit en ligne deux puissants vapeurs à aubes, l'*Euxine* et le *Sultan,* de 1.100 tonneaux et 420 chevaux, puis le *Valetta* et le *Vectis,* de 700
tonneaux et 400 chevaux, donnant 15 nœuds aux essais. Le
trajet de Marseille à Malte était réduit à deux jours et demi,
et la Malle parvenait à Calcutta en 34 jours.

En 1853 se fondait encore la Compagnie Générale de
Navigation à Hélice, de MM. Léon Gay et C^ie. Le président
du Comité de Surveillance était M. A. Clapier, et le Comité
comptait parmi ses membres M. J. Grandval, M. Altaras, et
M. Emile Darier, que nous retrouverons plus tard au nombre des fondateurs de la Société Générale de Transports
Maritimes à vapeur. Les premiers navires de cette Société
furent le *Marocain* et l'*Egyptien* : ce dernier, lancé en avril
1853, était le plus gros vapeur sorti jusqu'alors des chantiers de La Seyne, qui venaient de passer aux mains de la

______

(1) 64 m. 43 de long sur 8 m. 78 de large, 370 chevaux.

Compagnie des Forges et Chantiers de la Méditerranée ; il mesurait 53 mètres de long sur 7 m. 95 de large. Puis vint un autre vapeur semblable, l'*Africain*, et ensuite deux vapeurs de 1.200 tonneaux de port, l'*Assyrien* et le *Byzantin*. Parmi les plus gros actionnaires figurait M. Bartholony, président du Conseil d'Administration du Chemin de fer d'Orléans, et l'un des fondateurs du Chemin de fer de Genève. La Compagnie Léon Gay desservait le Maroc, qu'elle envisageait de relier à l'Egypte, Alexandrie et Constantinople (1).

D'autres maisons d'armement surgissaient : MM. Horace Bouchet, desservant l'Italie avec 5 petits vapeurs (*Pierre-le-Grand, Anatoli*, etc.) ; MM. Cohen et C¹ᵉ, avec le *Prophète*, sur Gibraltar et le Maroc ; MM. Pastré frères, avec le *Paris*, sur Alexandrie ; la Compagnie Générale de Cabotage à vapeur, avec les vapeurs *Belzunce* (39 m. 60 de long sur 6 mètres de large), *Chevalier-Roze*, etc. Les navires changeaient souvent de mains, car ces nouvelles affaires, aussi bien que la Compagnie Impériale, ne pouvaient pas toujours subsister, et revendaient leur matériel.

Au milieu de ce bouillonnement d'activité novatrice, la marine à voiles se défendait. En juillet 1853, on annonce des lignes *régulières* (?) de paquebots à voiles pour l'Algérie, avec départs à jours fixes. Une ligne régulière de voiliers dessert *Paris* (!). Un remorqueur en station au détroit de Gibraltar, le *Rollon*, assure le passage des navires que pourraient retarder les vents contraires.

Le 3 janvier 1854, les maisons Bazin et Léon Gay fusionnèrent et constituèrent une seule Société au capital de 5 millions de francs. La raison sociale était : Compagnie Générale de Navigation à vapeur. Elle desservait l'Algérie, le Maroc et la Syrie. M. Bazin avait fait construire

---

(1) *Compagnie Générale de Navigation à Hélice, Léon Gay et C¹ᵉ. Compte-rendu du premier exercice. Marseille*, Barlatier-Feissat et Demonchy, 1852 (Bibliothèque de la Chambre de Commerce).

## Le BELZUNCE

lancé en 1853, pour MM. Aug. Jourfier, J.-B. Bossy et Cie
(Compagnie générale de Cabotage à vapeur)
Peinture anonyme sur zinc.

Phot. Duca

(Collection Jean Chabert)

deux nouveaux vapeurs de 1.000 tonneaux, portant les noms des pionniers de la flotte marseillaise, le *Henri-IV* et le *Sully*, dont l'un s'était perdu et l'autre avait été vendu. Le nouvel *Henri-IV* comportait un progrès remarquable dans ses aménagements : le salon, au lieu d'être situé au milieu des cabines, était placé dans la dunette à l'arrière du navire. Il avait 54 mètres de long et 8 m. 08 de large.

La guerre de Crimée vint donner à tous ces vapeurs un emploi qu'on n'avait pas prévu. Les premières troupes étant parties sur la flotte de guerre, il devint nécessaire d'assurer les énormes transports d'hommes, de vivres et de munitions destinés à renforcer et à ravitailler notre armée. Les vapeurs de MM. Arnaud et Touache, Bazin et Léon Gay, furent affrétés par l'Etat. Tout ce que la marine marchande put détourner des lignes indispensables fut chargé de troupes et de matériel et dirigé sur Kamiesh.

L'Etat eut à se féliciter alors de la constitution de cette flotte libre, à laquelle on avait opposé dans le début tant de mauvaise volonté. Malgré ce concours, malgré le doublement des lignes des Messageries, il fallut affréter des vapeurs étrangers, et même des voiliers, de grands clippers américains (*Queen-of-the-Clippers*, *Great-Republic*, etc.), qui recevaient jusqu'à 500 chevaux et 1.500 hommes, et partaient remorqués par des vapeurs eux-mêmes encombrés de soldats. On put toucher du doigt l'immense intérêt qu'avait la nation à aider au développement d'une puissante marine à vapeur marchande, et combien son concours pouvait lui être précieux à un moment donné.

Le mouvement du port en 1855 et 1856 fut énorme : le tonnage des vapeurs, entrées et sorties, dépasse 850.000 tonneaux, chiffre presque double de celui de 1854. Les Messageries, ainsi que toutes les compagnies de bateaux à vapeur, étaient établies dans le bassin de la Joliette. Elles avaient acheté en Angleterre le *Simoïs*, l'*Hydaspe* et le *Mitidja* et reçu les vapeurs neufs *Carmel*, *Jourdain*, *Chéliff* et *Danube*. Elles desservaient, à la fin de 1854, onze lignes : 1° Marseil-

le-Malte, hebdomadaire ; 2° Marseille-Constantinople, hebdomadaire ; 3° Marseille-Messine-Le Pirée-Constantinople,
hebdomadaire ; 4° Marseille-Syra-Salonique, hebdomadaire ; 5° Constantinople-Varna ; 6° Constantinople-Crimée ;
7° Marseille-Alexandrie, 2 fois par mois ; 8° Constantino-
ple-Alexandrie, 2 fois par mois ; 9° Marseille-Alger, 6 fois
par mois ; 10° Marseille-Oran, 3 fois par mois ; 11° Mar-
seille-Bône-Tunis, 3 fois par mois.

Les résultats financiers des grandes compagnies bien
menées étaient, d'ailleurs, excellents. Le 24 avril 1855, l'Assemblée générale de la Compagnie Bazin et Léon Gay déci-
de une répartition de 21,55 % aux actionnaires. En août, la
Compagnie de Navigation Mixte distribue un à-compte de
100 francs par action de 500 francs et le dividende de 1855
atteint 226 fr. 30 et 249 fr. 20 par action, alors qu'elles
n'étaient cotées en Bourse que 730 francs. L'Assemblée du
29 avril 1856 des actionnaires de Bazin et Léon Gay fixe le
dividende de l'exercice 1855 à 129 fr. 40 par action libérée
de 275 francs. La Compagnie Fraissinet paie un dividende
de 103 francs ; elle est cotée 725 francs. En mai 1856, elle
porte son capital à 6 millions.

Au début de l'année 1856, la guerre de Crimée étant terminée, les Compagnies reprennent leurs services. La Compagnie de Navigation Mixte a de nouveaux navires sur l'Algérie, le *Kabyle*, le *Zouave*, le *Sahel* : elle a 4 départs par
mois sur Alger, 3 sur Philippeville, 3 sur Oran, 1 sur Bône
et Tunis. Elle a recommencé ses départs sur le Brésil, mais
en même temps tourné ses efforts dans une autre direction.
Nous sommes à l'époque où la question de la route vers
l'Extrême-Orient est à l'ordre du jour. Les passagers et la
poste peuvent seuls, en pratique, utiliser la voie de terre
d'Alexandrie à Suez et des paquebots de Suez aux Indes. Le
creusement d'un canal à travers l'Isthme de Suez, idée qui
remonte aux Ptolémées, s'agite à nouveau, et le 8 novembre 1855, M. de Lesseps s'est embarqué sur l'*Osiris* pour aller
étudier le problème sur place. Peut-on, en attendant, relier

Marseille à la Chine en passant par le Cap de Bonne-Espérance ? La Compagnie Mixte va le tenter. Le 30 septembre 1856, elle expédie l'*Europe* pour Hong-Kong, touchant à Gorée, l'île Bourbon, Ceylan et Pondichéry. L'*Europe* est ce qu'on dénomme alors un *clipper mixte* (clipper signifie, en anglais maritime, *pinceur*, voilier qui serre bien le vent au plus près), c'est-à-dire un voilier avec une machine auxiliaire à vapeur qu'il ne doit utiliser que dans les zones de calme. Avec les consommations énormes des machines ordinaires (la machine à vapeurs combinées ayant dû être abandonnée comme trop dangereuse), on ne pouvait pas songer à faire de longues traversées uniquement à la vapeur.

L'exemple de la Compagnie Mixte a des imitateurs. Le 3 octobre 1856, on lance à Nantes le *François-I*[er], autre clipper mixte de 1.800 tonneaux, pour Bazin et Léon Gay, qui le dirigent d'abord sur Cuba, où il arrive à son premier voyage en février 1858. A son retour, le *François-I*[er] est annoncé pour partir, le 31 mars 1858, pour Singapour et Hong-Kong. En juin, on annonce, pour le 6 juillet, le départ du *Charles-Martel*, de la même compagnie, pour Hong-Kong et Macao.

Mais ces tentatives audacieuses ne devaient pas donner de résultat. Elles permirent seulement à l'Etat d'utiliser l'*Europe* qui fut affrété, par la Marine au moment de l'expédition de Chine en juin 1859, puis en avril 1860, et qui se perdit du reste sur l'Ile du Triton le 5 juin de la même année.

En somme, l'idée de la navigation mixte (voile et vapeur) était une solution bâtarde et son application sur les parcours à grande distance ne donnait pas au navire à vapeur un avantage suffisant sur les voiliers, tout en coûtant fort cher tant par le prix de la construction que par la dépense d'entretien et de combustible, sans parler de l'équipage. Pour atteindre l'Inde et l'Extrême-Orient en profitant complètement de la vitesse du vapeur, il fallait créer le Canal de Suez, et c'est en cela que M. de Lesseps arrivait au moment vraiment opportun.

Faute d'une intervention financière de l'Etat sous forme de subside aux services postaux, l'armement à vapeur devait donc, pour le moment, s'en tenir aux trafics méditerranéens et côtiers. Cela était vrai pour tous les pavillons, car en janvier 1859, la Compagnie Transatlantica de Gênes vendait ses cinq vapeurs en fer et à hélice.

De 1856 à 1860, la Compagnie Fraissinet fit construire le *Var*, la *Durance*, l'*Isère*, l'*Huveaune*. Avec le *Portugal*, l'*Algérie*, la *Normandie*, vapeurs neufs de 200 chevaux, elle desservait les ports d'Espagne et remontait jusqu'au Havre et à Rouen. Elle mettait encore en ligne la *Provence* pour Cadix, et l'*Helvétie* pour l'Italie. En 1860, elle avait abandonné les services du Nord, pris par la Compagnie Générale Maritime, et faisait Naples, par Gênes et Civita-Vecchia ; Nice et Oneglia ; Gênes et Livourne ; Cannes ; Cette et Agde.

La Compagnie de Navigation Mixte avait reçu, en 1856, la *Ville-de-Lyon*, long de 82 mètres, 420 chevaux, 12 nœuds aux essais, portant 100 passagers de première classe, qu'elle destinait au Brésil. Mais cette ligne étant abandonnée, elle le mit sur Gênes.

La Compagnie Bazin et Léon Gay commença, en 1856, une nouvelle ligne sur le Maroc, touchant à Gibraltar, Tanger, Casablanca, Mogador et allant jusqu'aux Canaries.

La Compagnie Valéry acquit la *Louise*, le *Jean-Mathieu*, le *Général-Abatucci* (1857) et l'*Impératrice-Eugénie* (1859), ce dernier de la Compagnie Ajacienne (A. Borelli et C<sup>ie</sup>), qui lui faisait concurrence : c'était un bateau de 50 mètres de long.

De nouvelles Compagnies se fondèrent à la même époque, entre autres la Compagnie Phocéenne d'Armements Maritimes (Altaras, Caune et C<sup>ie</sup>). Elle envoyait ses vapeurs (*Pythéas*, *Protis*, *Jean-Baptiste*, *Seine*), à Smyrne, à Constantinople et en Syrie. Plus tard, elle toucha quelque temps au Maroc.

Parmi les Compagnies non marseillaises dont les navires fréquentaient le port, il faut citer la Compagnie Générale Maritime, de Paris, dirigée alors par M. Ant.-Dom. Bordes. En 1856 ses vapeurs *Marie-Stuart, Vesta, Danube* venaient d'Anvers et de Rouen. En 1857, le *Languedoc* faisait Anvers. En 1860, la *Reine-Mathilde*, le *Paris*, et les autres navires touchaient à Bordeaux et allaient jusqu'à Hambourg. Elle prenait des marchandises à Marseille pour tous les ports du Nord, l'Angleterre, la Hollande, l'Allemagne, etc. En 1860, la Compagnie Générale Maritime devint la Compagnie Générale Transatlantique.

Comme Compagnies étrangères de cette époque, signalons l'European and Australian Royal Mail C° qui vint, en 1857, exploiter les lignes d'Orient en concurrence avec la Compagnie Péninsulaire et Orientale, desservant Malte, Alexandrie, et de Suez, Aden, Ceylan et l'Australie. Elle mit en service le *Cambria*, de 1.500 tonneaux et 500 chevaux, puis 9 vapeurs de 2.200 à 2.800 tonneaux et de 500 à 700 chevaux (*European, Tasmanian, Vanguard*, etc...). L'année suivante, cette Compagnie devint la Royal Mail Steam Packet C°. Son service cessa au début de 1859, après le retour en Angleterre du paquebot *Wye*.

La Compagnie Péninsulaire et Orientale améliorait constamment son matériel. Elle employa en 1858 les paquebots *Panther* et *Vectis*, en 1859, le *Nepaul* et l'*Ellora*. Son service de transit pour les marchandises riches à travers l'isthme de Suez se développe. En juillet 1860, le *Vectis* apporte 230 balles de soie de Chine et 50 colis de curiosités.

En 1858, la Compagnie Russe de Navigation et de Commerce envoie d'Odessa les vapeurs *Chersonèse*, de 1.000 tonneaux et 300 chevaux (à aubes), *Don, Colchide, Cérès, Wladimir*, de 1.200 tonneaux, consignés à la maison Ralli.

Enfin, une quantité de Compagnies espagnoles venaient prendre charge à Marseille. En tête, la Compagnie Lopez, avec le *Madrid* et l'*Alicante*, de 1.500 tonneaux et 350 chevaux. Puis la Compagnie hispano-anglaise P.-M. Tintorer et Cᵒ qui faisait les ports d'Espagne et allait jusqu'à Liverpool (vapeurs *Tajo, Ebro, Duero*, de 1.000 tonneaux, en fer et à hélice). La Compania de Navegacion y Industria, avec le *Balear, Mercurio, Cid, Barcino*, à aubes, *Europa* et *America* à hélice, ces deux derniers allant à la Havane. La Compagnie Bofill Martorell et Cie (vapeurs *Berenguez, Pelayo, Almogavar, Vilfredo*, etc., à hélice). Ces trois Compagnies rivales finirent par se syndiquer, la Compagnie Lopez faisant bande à part. Au début de 1860, elles cessèrent de venir à Marseille.

Deux vapeurs turcs, le *Brandon* et l'*Astrologer*, reliant Constantinople à Alexandrie par Smyrne, venaient également jusqu'à Marseille. On voyait aussi dans notre port des vapeurs égyptiens, le *Suez*, le *Saïd*, le *Tymsah*, etc., et ceux de deux compagnies hollandaises, la Société Hollandaise de Maas (vapeurs le *Rhône*, 900 tonneaux, 300 chevaux, et *Rotterdam*) et la Compagnie Royale Hollandaise (vapeurs *Anna-Paulowna, Bérénice* et *Guillaume-III*, 600 tonneaux) venant de Rotterdam à Marseille.

Restaient toujours à remplir deux grands desiderata du Commerce de Marseille : relier Marseille au Brésil d'une façon régulière, la Compagnie Mixte, privée de tout subside gouvernemental, ayant cessé tout service, puis créer, au départ de Suez, une ligne sur l'Inde et la Chine sous pavillon français en attendant l'ouverture du canal, concédé à M. de Lesseps en novembre 1858.

La fameuse question des Services Transatlantiques, sur le tapis depuis 1840, n'avait toujours pas reçu de solution. Reprise en 1856, au moment où se manifestaient les initiatives marseillaises, elle donna lieu au dépôt d'un projet de loi le 9 mai 1857 : il fut voté le 3 juin. Toutefois les points de départ des services n'étaient pas déterminés, la loi accordant seulement une subvention de 14 millions pour l'exploitation de 3 lignes de paquebots à vapeur entre la

France et l'Amérique. Ces trois lignes devaient aboutir : la première à New-York, la seconde aux Antilles, la troisième au Brésil. Ce fut par un décret, paru le 19 septembre 1857, que la Compagnie des Messageries Impériales fut déclarée concessionnaire du service du Brésil, mais ce service devait partir de Bordeaux, et non de Marseille. Le 24 mai 1860, le paquebot à roues *Guienne* effectuait le premier départ pour Rio-de-Janeiro, d'où un vapeur annexe faisait la liaison avec La Plata. Marseille était une fois de plus déçue dans ses espérances. Le Havre était choisi comme tête de ligne du service de New-York, et Nantes du service des Antilles. Tous les gouvernements sont portés à rechercher non pas les solutions les plus logiques et les meilleures, mais celles qui leur attirent le moins d'ennuis et de réclamations. Dans cette circonstance, le Gouvernement faisait de la justice distributive. Il n'y avait aucun motif pour choisir Bordeaux de préférence à Marseille comme point de départ de la ligne du Brésil, et il eut été naturel de donner la priorité au port qui détenait celle des voyages exécutés par les armateurs libres ; mais ces bonnes raisons ne prévalurent pas.

La même loi eut pour suite la concession des services du Havre à New-York, et de Saint-Nazaire aux Antilles à la Compagnie Marziou, par décret du 27 février 1858. Mais cette Société, n'ayant pu exploiter son privilège, le passa à la Compagnie Générale Maritime, appuyée par la Société Péreire, qui prit alors le nom de Compagnie Générale Transatlantique, qu'elle a conservé depuis lors.

Du côté de l'Orient, notre port fut plus heureux. Le 22 avril 1861, l'État signait avec les Messageries Impériales une convention de douze années, qui établissait un départ mensuel de Marseille pour l'Extrême-Orient en correspondance avec un paquebot partant de Suez. Le 27 octobre 1862, l'*Alphée* quitta Suez pour Hong-Kong inaugurant le nouveau service, suivi un mois après par l'*Impératrice*. Le 4 janvier 1863, le *Dupleix* apportait à Marseille la première

Malle Française d'Extrême-Orient, venue à Suez par
l'*Alphée*.

Malgré la subvention qu'elle recevait, c'était pour la
Compagnie des Messageries Impériales une entreprise difficile que celle où elle s'engageait. Les subsides de l'Etat
anglais n'avaient pas empêché l'European and Australian
Mail C° d'échouer dans une tentative semblable. La vieille
Compagnie Péninsulaire et Orientale ne réussissait que
grâce à une subvention de 60 fr. 35 par lieue marine : cellé
des Messageries, suivant une progression décroissante, ne
devait s'élever, en moyenne, qu'à 50 fr. 59. Les Messageries
Impériales affrontèrent cependant la lutte, et leur succès
devait procurer à l'industrie française des avantages considérables. Les soies d'Extrême-Orient destinées à la fabri-
que lyonnaise, dont la valeur atteignait 100 millions en
1857, allaient pouvoir être achetées et acheminées directement de leur lieu d'origine, au lieu d'arriver, de seconde
main, par le marché de Londres.

En 1863, les paquebots des Messageries Impériales débar-
quaient à Marseille 5.368 balles de soie, mais la plupart
étaient réexpédiées à Londres. Dix ans plus tard, le canal
de Suez étant ouvert, ils apportaient 28.121 balles de soie
qui, de Marseille, gagnaient Lyon devenu le grand marché
des soies. Au point de vue politique, le résultat n'était pas
moins intéressant, et la présence en Extrême-Orient du
pavillon porté par les Messageries Impériales y établissait
notre influence. En 1864, une convention additionnelle pro-
longea la ligne jusqu'au Japon, en même temps qu'elle
créait une ligne de Suez à l'île Maurice et à la Réunion. En
1866 une nouvelle convention créait la ligne annexe sur
Batavia. Nous pouvions désormais nous passer des services
anglais, que la France était obligée de subventionner encore
5 ans auparavant.

Les années qui suivent 1860 sont encore une période
d'évolution et de tâtonnements pour la marine à vapeur.
Si grand que soit le développement qu'elle a pris, les condi-

## Le LANGUEDOC

construit en 1847, acheté en 1863 par MM. N. Paquet aîné et C.ie, le premier navire de la C.ie Paquet

Aquarelle anonyme

Phot. Duce

(Collection *Compagnie de Navigation Paquet*)

tions techniques de son exploitation restent très primitives.
L'hélice a permis de résoudre le problème de la portée des
navires, et l'on commence à voir arriver, par vapeurs, des
chargements relativement considérables de marchandises
communes, en particulier des céréales d'Algérie et de Mer
Noire. Mais la consommation de charbon est si énorme et
coûte si cher que le navire à voiles conserve de sérieux
avantages. En 1856, deux capitaines de voiliers se propo-
sent de fonder une « Société des Clippers du Midi », pour
relier Marseille au Brésil (1). En 1861, deux maisons marseillaises desservaient encore l'Algérie avec des voiliers :
MM. Coudery et C$^{ie}$ et MM. Gros et C$^{ie}$ ; elles faisaient 11
départs réguliers par mois pour Alger et Oran. En 1863,
l'Union des Chargeurs annonce des paquebots à voiles réguliers pour le Brésil, l'*Eulalie*, l'*Empereur-du-Brésil*, etc.
En mars 1867, un négociant havrais propose une nouvelle
formule d'application de la vapeur à la navigation, et qui
consiste à tirer parti de la vapeur *employée à petite dose*,
en embarquant sur chaque grand navire à voiles une cha-
loupe à vapeur qui le remorquera par temps calme ! (2).
Pour le long cours, en effet, les clippers à vapeur réussis-
sent mal, et il faut les subventions des Gouvernements pour
permettre l'exploitation des paquebots postaux français ou
étrangers. C'est que, si les chaudières *à tombeau* des premiers navires à vapeur avaient été perfectionnées, si l'on
employait des bouilleurs, on commençait à peine à faire
usage, à bord des navires, de la chaudière tubulaire inventée dès 1825 par Marc Seguin, appliquée depuis longtemps
aux locomotives, et cela bien que, dès son invention, Marc
Seguin, associé avec ses frères et le fils de Montgolfier, eût
installé sa chaudière sur un bateau à vapeur du Rhône. De
même qu'on avait longtemps hésité à augmenter la pres-

---

(1) *Société des Clippers du Midi, Statuts.* Marseille, Sénès, 1856
(Bibliothèque de la Chambre de Commerce).

(2) *Application de la vapeur à la Navigation à voiles*, par F. de Coninck.
Le Havre, Lemale, 1867 (Bibliothèque de la Chambre de Commerce).

sion de la vapeur, on hésitait maintenant à employer la chaudière à tubes sur les navires de mer. En rivière, l'alimentation se fait avec de l'eau douce ; à la mer, dit un ouvrage scientifique de 1868, les chaudières sont *naturellement* alimentées avec de l'eau de mer : or, l'évaporation donne rapidement lieu à un dépôt de sel marin sur les foyers et sur les tubes, inconvénient des plus graves au point de vue de la consommation, et présentant même de très sérieux dangers, car il peut amener une explosion. Il fallait donc remplacer l'eau de la chaudière dès qu'elle avait atteint le degré de concentration auquel elle commence à fournir le sel. C'est ce qu'on appelait *faire extraction*, opération consistant à évacuer *d'heure en heure*, au moyen d'une pompe, l'eau concentrée qui se trouvait à la partie inférieure de la chaudière. On la remplaçait, bien entendu, immédiatement par de l'eau qui était froide, qu'il fallait par conséquent échauffer, condition on ne peut plus défavorable à l'économie de combustible. Néanmoins, la chaudière tubulaire était évidemment un grand progrès : il en restait bien d'autres à réaliser.

Une conséquence de cet état de choses et de la préoccupation d'utiliser le plus possible la force du vent était que les vapeurs à hélice, et plus spécialement les longs-courriers, furent d'abord, et pendant longtemps, mâtés et voilés comme de véritables voiliers. Tous les tableaux et les gravures du temps montrent des navires qui sont, en somme, des voiliers à vapeur. En 1866 on voit le *Péreire*, paquebot rapide du service du Havre à New-York, qui faisait pourtant des moyennes de 13 nœuds, gréé en trois-mâts-barque, avec grand'voile, huniers, perroquets et cacatois. Tous les vapeurs ont l'avant à guibre, avec un beaupré et des focs. C'est une époque de transition.

Mais ces difficultés n'arrêtent pas les initiatives et de nouvelles Compagnies naissaient, tandis que d'autres disparaissent. En 1863, M. Nicolas Paquet, consignataire à Marseille des vapeurs de la Compagnie Générale Maritime, affrétait, puis achetait à cette Compagnie son vapeur *Languedoc*. Ce bateau qui, à l'origine, était à roues, construit à La Seyne en 1847, long de 51 m. 80, large de 8 m. 73, avait appartenu à la Maison André Abeille, et naviguait sur l'Italie. Transformé et doté d'une machine à hélice, M. Paquet l'envoya sur les côtes du Maroc que fréquentaient les navires de la Maison Bazin. Peu de temps après, M. Paquet achetait le vapeur turc *Astrologer*, le baptisait *Maroc*, puis y ajoutait un ancien vapeur espagnol, le *Cadix*, renommé *Moselle*. C'était l'embryon d'une nouvelle grande affaire maritime.

Par contre, la Compagnie Bazin abandonnait peu à peu l'armement qu'elle avait créé à Marseille 35 ans auparavant. Après s'être associée avec la Compagnie Fraissinet pour faire un service régulier sur Salonique et Constantinople, elle lui céda, en 1865, le matériel qui lui restait. La Compagnie Fraissinet continua à desservir Constantinople et les ports de la Mer Noire tous les 20 jours avec les vapeurs *Junon*, *Algérie*, etc. Elle envoyait aussi deux vapeurs par mois à Alexandrie, par Livourne et Malte, et mit en ligne l'*Asie;* elle desservait également la Syrie. Les travaux du Canal de Suez et l'importation des cotons déterminaient un mouvement considérable entre l'Egypte et Marseille, et de nombreux vapeurs français et étrangers s'y rendaient plus ou moins régulièrement.

Trois armements nouveaux desservaient l'Algérie à partir de 1862 : la Compagnie Languedocienne (d'abord François Robert et C^{ie}, ensuite Roux Simian et C^{ie}), avec les vapeurs: *Georges, Vincent, Henriette, Hélène* et *Charles* ; elle faisait aussi la Côte d'Italie ; la Compagnie de Transports à vapeur algériens (Teissier et C^{ie}, de Bône), avec la *Ville-de-Bône*, le *Marocain* (venu de Bazin) et, en 1865, la *Numidie* ; la Maison E. Mouron et C^{ie}, avec la *Province-d'Alger* et la *Gironde* sur l'Algérie, et la *Stéphanie*, sur Tunis. Les maisons françaises secondaires d'armement ou d'affrètement deviennent si nombreuses et se modifient si souvent qu'il est impossible de les citer toutes.

Il en est de même des armements étrangers, d'autant plus que Marseille reçoit de plus en plus des vapeurs de charge irréguliers, par lesquels arrivent des marchandises lourdes, du charbon d'Angleterre, du plomb d'Espagne, etc.

En 1864, la Compagnie Valéry a sur ses lignes de Corse le *Prince-Pierre-Bonaparte*, le *François-Marie*, la *Princesse-Clotilde*, l'*Impératrice-Eugénie*, le *Général-Abatucci*, le *Progrès*, l'*Evénement* et le *Comte-Bacciochi*.

En 1865, apparut la Société Générale de Transports Maritimes à vapeur. Son capital, fixé à 20 millions, était en grande partie souscrit par la Société Générale et par la Banque de Genève. Parmi ses administrateurs figurait M. Talabot, directeur général de la Compagnie P.-L.-M., qui venait de créer la Compagnie Minière de Mokta-el-Hadid, près de Bône. Il s'agissait d'abord d'amener au port de Bône, par une voie ferrée, ces minerais jusqu'alors médiocrement utilisés sur place, puis de les transporter en France et de les livrer aux grandes usines métallurgiques. Tel fut l'objet, à l'origine, de l'organisation de ce nouvel armement. En avril 1865, la Société Générale de Transports Maritimes commanda d'emblée aux Forges et Chantiers de la Méditerranée 9 vapeurs de 1.200 tonneaux de portée, faisant 8 nœuds 1/2, dotés de 4 mâts, munis d'une voilure basse mais importante, et ayant la machine à l'arrière. D'un type resté populaire, et connus jusqu'au bout de leur existence, en Algérie, sous le nom de *Talabots*, ces navires furent appelés *Artois, Alsace, Auvergne, Bretagne, Dauphiné, Franche-Comté, Lorraine, Normandie* et *Touraine*. Ils avaient 72 mètres de long et 9 mètres de large.

En attendant la mise en ligne de ces vapeurs, la Société Générale de Transports Maritimes acheta le vapeur *Touareg*, de 550 t. de portée, puis la flotte algérienne de M. Teissier, les vapeurs *Marocain* et *Numidie*, enfin la *Ville-de-Nice*, et elle commença à desservir les quatre grands ports d'Algérie, Alger, Oran, Philippeville et Bône. L'année suivante, elle prit part au trafic sur Alexandrie et

## L'ALSACE

vapeur dit " porteur de minerai ",

construit en 1865 pour la Société Générale de Transports Maritimes à vapeur.

Modèle du navire

Phot. Duce

eut bientôt 3 départs mensuels sur l'Egypte. Cette flotte de 9 vapeurs de 1.200 t. de portée, ces *grands transports,* comme on disait alors, révolutionnèrent l'Algérie desservie jusqu'alors par des navires d'une portée moitié moindre. Les navires avaient été très étudiés en vue de l'économie de charbon, et M. Dupuy de Lôme, lui-même, avait été consulté. Ils constituaient un réel progrès à ce point de vue puisque, comparée au *Touareg,* de 550 tonnes de port, qui brûlait 937 kilos de charbon à l'heure, pour faire 8 nœuds de moyenne, l'*Alsace,* de 1.200 tonneaux de port, ne consommait que 710 kilogs à 9 nœuds. Les fondateurs de la Société pouvaient donc dire avec satisfaction : « Notre matériel résoudra très probablement le difficile problème de la navigation à vapeur à bon marché ». Telle était, en effet, la préoccupation dominante, et le talent des capitaines consistait à combiner l'utilisation de leur voilure et celle des 3 chaudières dont les navires étaient munis pour pouvoir, suivant le temps, employer plus ou moins la vapeur. Le charbon n'était pourtant pas fort cher ; en 1866, on brûlait du charbon de la Grand'Combe à 28 ou 29 francs la tonne. Pour donner une idée de la ressource que constituait la voilure, j'indiquerai que l'*Auvergne,* ayant eu le 8 mars 1866 une légère avarie de machine au départ de Marseille, à 70 milles de terre, rentra à Toulon par coup de vent de N. O. naviguant au plus près et faisant 8 nœuds.

Le commerce marseillais réclamait toujours un service sur l'Amérique du Sud, car il se trouvait obligé, soit d'emprunter la voie de Gênes, soit d'utiliser les voiliers qui partaient fréquemment pour ces contrées. La Société Générale de Transports Maritimes à vapeur reprit, avec ses seules ressources, la tentative infructueuse de la Compagnie de Navigation Mixte. En 1867, elle acheta en Angleterre 4 vapeurs qu'on appela *Bourgogne, Picardie, Poitou* et *Savoie. Bourgogne* et *Picardie* étaient des navires âgés de 18 mois, construits pour un service entre l'Angleterre et le Cap de Bonne-Espérance. Après avoir été allongés par leurs acheteurs, ils mesuraient 94 mètres de long sur 10 de large. Ils furent payés ensemble 1.400.000 francs. *Savoie,* âgé de 5 ans, mais avec des machines, des chaudières et une mâture neuves, avait 99 mètres de long sur 11 mètres de large, et coûta £ 36.000. Tous trois étaient gréés en trois-mâts barque. *Poitou,* acheté neuf, au prix de £ 48.000, avait 97 mètres sur 10 m. 35.

Toujours guidés par la même pensée, les dirigeants fixè-rent des itinéraires calculés sur une vitesse modérée, 8 à 9 nœuds, mais suffisante, et permettant aux navires d'utili-ser leur voilure et d'économiser le combustible. « On croit « généralement dans le public, disaient-ils, qu'un service « transatlantique ne peut réussir qu'à la condition d'être « subventionné. Cela est vrai si ce service doit être fait « avec une très grande vitesse qui ne permet pas d'em-« ployer des navires disposés pour transporter à peu de « frais de grandes quantités de marchandises et de passa-« gers ». L'établissement d'un service commercial libre, sans appui de l'Etat, pour de longs parcours était donc une entreprise très ardue. La Société Générale de Transports Maritimes y réussit, cependant, de la façon la plus com-plète, non, d'ailleurs, sans difficultés, ni sans tâtonnements. En juin 1868, on modifia les itinéraires de façon à exécuter le voyage complet aller et retour en 90 jours, en remontant le Rio de La Plata jusqu'à Buenos-Aires, au lieu de desser-vir ce port via Montevideo par un vapeur annexe. Il faut noter qu'à cette époque les Messageries Impériales, comme, d'ailleurs, la Royal Mail anglaise, arrêtaient leurs paque-bots à Rio-de-Janeiro, et transbordaient sur un vapeur auxiliaire passagers et marchandises pour le Sud. Les paquebots marseillais mettaient 22 jours pour atteindre Rio, 30 jours Montevideo et 31 jours Buenos-Aires.

Les paquebots transatlantiques des Transports Maritimes étaient, pour cette époque, de très grands navires. Le *Péreire,* de la Compagnie Générale Transatlantique, cons-truit en 1866, et qui faisait la ligne du Havre à New-York, n'avait que 5 mètres de plus de longueur que *Savoie.*

Néanmoins, la Société Générale de Transports Maritimes estima bientôt nécessaire d'aborder un type de navire plus perfectionné et d'une capacité beaucoup plus grande. Non seulement l'aliment passagers et marchandises surabondait, mais les autres compagnies, les Messageries Impériales et les armements génois, frappés des résultats obtenus par la compagnie marseillaise, allaient l'imiter et chercher à lui disputer le trafic. Les Messageries Impériales avaient mis en chantier à La Ciotat des paquebots du type *La Gironde* et *Amazone*, de 112 mètres de long, devant faire 14 nœuds aux essais, et de 2.300 tonnes de jauge nette.

Ces considérations décidèrent la Société Générale de Transports Maritimes à commander, en octobre 1869, à la Société des Forges et Chantiers de la Méditerranée, un paquebot exceptionnellement grand. La *France* mesurait 130 mètres de long et 11 m. 30 de large. C'était un des plus grands navires à vapeur du monde, tout à fait comparable, comme longueur, à un ou deux seulement des plus grands paquebots anglais de la ligne de New-York, mais moins large que ceux-ci. La livraison de la *France* fut retardée par la guerre de 1870. Il entra en service en juin 1871.

En 1868, les maisons Claude Clerc, Bosc, Pavin de Lafarge, etc., achetèrent des vapeurs. M. Cyprien Fabre acquit le *Phénicien*, qui était un navire de 66 mètres, construit en 1860, mais qui devait être le germe d'une grande maison d'armement future.

A cette époque, l'armement à vapeur marseillais ressentit vivement, comme toute la marine marchande française, les conséquences de l'abolition des surtaxes de pavillon, décidée par le Gouvernement en 1866, pour entrer en vigueur trois ans plus tard. La disparition de cette protection était évidemment un événement très défavorable, mais l'élan donné à la marine à vapeur était tel qu'elle continua à se développer car, en même temps, commençait la décadence de la marine à voiles. Un progrès nouveau, la construction des machines *compound*, permettant de réduire dans une

proportion considérable la consommation de charbon, venait en effet modifier profondément les conditions de l'armement à vapeur. Celui-ci n'avait plus à chercher dans
l'emploi de la voiture le moyen de réduire ses dépenses de
combustible, puisqu'il trouvait ce moyen dans l'emploi des
nouvelles machines économiques. Ici encore, on assiste,
dans les années qui touchent à 1870, à une révolution dans
l'histoire de la navigation.

Cette orientation nouvelle se manifesta d'abord dans la
navigation sur de courts trajets. M. Nicolas Paquet, qui avait
commencé ses services en utilisant des vapeurs d'occasion,
décida la construction d'un navire neuf. Il commanda, en
1868, en Angleterre, le *Souerah*, d'un type entièrement nouveau, mâture réduite à deux mâts, pas de voiles carrées,
étrave droite au lieu de l'avant de clipper, mais muni d'une
machine compound ; le *Souerah* avait 59 mètres de longueur. En 1870 et 1872, d'autres vapeurs du même type,
mais plus grands, *Vérité* et *Meuse*, vinrent s'ajouter à cette
flotte moderne.

Cependant tous les yeux étaient tournés du côté de
l'Orient. Les relations maritimes se multipliaient. Depuis
février 1868, la Compagnie Péninsulaire et Orientale avait
doublé ses services, et partait de Marseille chaque semaine
alternativement pour Bombay et pour la Chine. Le départ
mensuel des Messageries Impériales était tout à fait insuffisant. Le 6 avril 1868, un traité complémentaire doublait
le service à dater de l'ouverture du Canal de Suez. La flotte
de la Compagnie des Messageries, qui comptait, en 1852,
16 navires d'une jauge de 11.559 tonneaux, dont 13 paquebots du Levant cédés par l'Etat, était, en 1864, de 48 vapeurs,
sur 148 attachés au port de Marseille, et en 1866, de 62 navires, jaugeant 112.146 tonneaux.

Un grand événement économique était proche, et déjà on
pouvait en escompter les conséquences, sans pourtant en
percevoir toute l'ampleur. Le percement de l'Isthme de
Suez allait profondément modifier le trafic maritime, porter

le dernier coup à la marine à voiles, et rendre à la Méditerranée le rôle important qu'elle avait joué dans l'antiquité,
et que la découverte des Amériques et du Cap de Bonne-
Espérance lui avait en partie enlevé au profit des ports de
l'Océan et du Nord de l'Europe.

L'inauguration du Canal de Suez eut lieu le 18 novembre
1869. La flotte marseillaise y était dignement représentée
dans la longue file des vapeurs qui s'y engagèrent à la suite
du yacht impérial l'*Aigle*. Les Messageries Impériales
avaient le *Thabor*, le *Godavery* et le *Péluse*, la Société
Générale de Transports Maritimes le *Touareg*, la Compagnie Fraissinet l'*Europe*. La marine à vapeur venait saluer
l'œuvre magnifique, indispensable à sa complète utilisation,
et devenue son complément logique. Désormais, les paquebots rapides lancés vers l'Orient ne se heurtaient plus à
l'obstacle d'une étroite bande de sable, imposant aux passagers les ennuis et les retards d'un transbordement.
Désormais aussi, la Méditerranée cessait d'être un lac
fermé ; elle devenait la grande route du lointain Orient,
ses ports excellemment placés, et Marseille en première
ligne, en devenaient les portes, et une ère de prospérité
inconnue s'ouvrait pour les nations latines.

La Compagnie Fraissinet ne se borna pas à prendre part
à cette cérémonie historique ; elle ne voulut pas laisser à
l'Angleterre l'honneur d'inaugurer commercialement le
Canal, et mit à exécution son projet de service sur Bombay.
Parti en novembre, son vapeur *Asie* franchit au retour le
Canal de Suez le 8 janvier et fut le premier navire *chargé*
ayant utilisé la nouvelle voie.

*<br>* *

Avec l'ouverture du Canal de Suez, qui vient de boule-
verser la géographie, coïncide la mise en application des
perfectionnements techniques apportés à la construction des
machines marines : élévation du timbre des chaudières,

emploi des chaudières tubulaires et des machines compound, la vapeur détendue dans un premier cylindre venant, avec sa pression réduite, agir encore dans un second cylindre de plus grandes dimensions. L'économie de charbon qui en découle amène une transformation dans l'exploitation des navires à vapeur.

La période où nous sommes arrivés marque, à nouveau, une époque décisive dans l'histoire de la navigation à vapeur marseillaise. La création est terminée ; après la marine de cabotage, la marine long-courrière est née et fortement établie. L'arbre planté en 1830 est devenu un tronc robuste, dont les maîtresses branches vont grandir. Toutes les compagnies de navigation qui constituent aujourd'hui l'armement marseillais existent et sont en voie de développement. Je puis donc me borner à résumer les événements les plus notables de cette période contemporaine.

*<br>* *

La remarquable initiative de notre armement avait placé Marseille au premier rang parmi les ports français au point de vue du nombre et du tonnage des navires à vapeur. En 1869, Le Havre ne possédait que 56 vapeurs, Bordeaux 15, Nantes 21, Marseille en avait 200.

Mais en dépit de cette situation, Marseille n'échappait pas aux conditions défavorables dans lesquelles se trouvait la marine marchande française tout entière. La loi de 1866, en supprimant la surtaxe du pavillon-tiers, avait amené dans nos ports une foule de concurrents étrangers, et rendu plus frappante l'impossibilité pour notre marine de lutter contre eux avec chance de succès. C'était là une situation fort ancienne (1), mais qui redevenait particulièrement

(1) Le 11 juin 1831, on comptait à Marseille 200 navires français désarmés. Il s'agissait surtout de petits navires de 100 à 200 tonneaux de portée, qui se trouvaient sans emploi. La navigation dans la Méditerranée était surtout le domaine des marines étrangères. Cette infériorité de la marine

## Le SOÜERAH

construit en 1868 pour MM. N. Paquet ainé et C$^{ie}$,

le premier vapeur construit spécialement pour MM. Paquet

Aquarelle de François Roux, 1872

critique pour les armements à vapeur. Ceux-ci, en effet, payaient le charbon 33 ou 34 francs la tonne alors que les vapeurs anglais faisaient leurs soutes à 11 ou 12 shellings. L'emploi du fer, devenu exclusif pour la construction des coques, donnait à l'armement anglais une autre et importante supériorité par le bas prix auquel il était livré aux constructeurs. Les différences dans les salaires des équipages, dans leurs effectifs, accentuaient une inégalité flagrante, et M. Henry Bergasse, délégué des armateurs de Marseille,

marchande française était due à des causes diverses. Le navire français était obligé d'avoir un équipage entièrement français; nos matelots étaient payés beaucoup plus cher que ceux des étrangers ; leur solde était de 45 à 50 francs, celle des Autrichiens et des Napolitains, 20 et 25 fr. La nourriture de nos équipages coûtait aussi plus cher. Mais ils étaient aussi plus nombreux. Les voiliers français étaient, en effet, construits pour la marche et avec des préoccupations d'esthétique. Ils étaient larges, mâtés très haut, et il leur fallait de ce chef 2 ou 3 hommes de plus pour la manœuvre des voiles. Les Anglais et les Américains avaient des navires longs, profonds et à mâtures basses.

Un autre avantage résultait, pour les voiliers étrangers, de la méthode adoptée pour la jauge des navires et aussi de la façon de l'appliquer. Elle était basée sur le produit des trois dimensions, longueur, largeur et hauteur de cale, divisé par le nombre fixe 94. Les navires fins y perdaient et jaugeaient parfois, pour des navires de 150 tonneaux, 40 tonneaux de plus que leur portée. Mais en outre il y avait la manière de mesurer les dimensions : en France, on prenait les dimensions extrêmes, la plus grande largeur, la longueur en y comprenant les élancements avant et arrière. Les Américains étaient plus libéraux : ils comptaient comme hauteur la moitié de la largeur, et leurs navires étant étroits et très creux, l'avantage était évident. Aussi un navire français portant en coton 1 balle 3/4 au tonneau, un américain portait 2 balles 1/2.

La concurrence étrangère était encore favorisée par l'exemption du droit de tonnage dont jouissaient à Marseille tous les pavillons, sans réciprocité. Le résultat était d'attirer chez nous un grand nombre d'étrangers, alors que nos navires payaient chez eux des droits fort élevés. Cette mesure était avantageuse pour le port de Marseille, mais désastreuse pour la Marine marchande nationale. Ainsi un navire français entrant dans un port napolitain payait 4 fr. 25 par tonneau la première fois, le demi-droit la seconde fois, le tiers du droit la troisième fois. A Gênes, à Livourne, à Nice, le droit était de 1 fr. 50 .En Catalogne, 3 fr. par tonneau. A Marseille, on ne payait aucun droit.

Le navire français coûtait plus cher à construire aussi bien qu'à exploiter. Il devait obligatoirement être construit en France, et tout son gréement et son armement devaient être achetés en France. Le Gouvernement napolitain avait alloué dès 1823, et pendant 7 ans, une prime de 51 francs par tonneau aux navires construits dans ses ports. La coque la faisait éloquemment ressortir devant la commission d'enquête de 1870.

Aussi, tandis que les flottes marchandes anglaise et allemande vont grandissant avec une extraordinaire rapidité, allons-nous voir, pendant 10 ans, la flotte marseillaise demeurer pour ainsi dire stationnaire. De 1869 à 1880, le nombre des vapeurs attachés au port de Marseille passe de 201 à 225, soit une augmentation de 24 navires ; l'augmentation avait été de 85 navires dans la période décennale précédente. Encore faut-il tenir compte de la part revenant, dans cette minime extension, aux compagnies de navigation subventionnées, qui avaient des obligations spéciales à remplir à la suite des diverses transformations subies par les services maritimes postaux de 1870 à 1880.

En juillet 1870, les services de l'Algérie, concédés aux Messageries Maritimes depuis 1854, furent mis en adjudication, le contrat arrivant à expiration en 1871. Ils comprenaient alors 8 départs par mois sur Alger, 4 sur Oran, et 4 sur Tunis, plus, depuis 1866, un service côtier. L'adjudi-

se trouvait, en somme, payée par le Gouvernement, et l'armateur n'avait à payer que le gréement. Réduite depuis 1830, cette prime constituait encore un encouragement sérieux pour la navigation napolitaine.

En résumé, on faisait valoir que la France venait de pacifier la Méditerranée en réduisant au silence Alger, Tripoli et le Maroc : elle avait fait tous les frais de la guerre et les étrangers seuls en profitaient.

Les remèdes suggérés étaient les suivants :

1° Etablissement à Marseille d'un droit de tonnage ;

2° Suppression de la visite des navires par des gens intéressés à pousser aux réparations inutiles ;

3° Faculté d'acheter la « brusque » (bruyère à flamber les carènes de navires) ailleurs qu'à l'Hôpital, qui vendait 4 fr. ce qui valait 0 fr. 30 ;

4° Faculté de prendre les provisions de bord à l'entrepôt. Liberté du lestage ;

5° Réserver les primes de sortie aux marchandises expédiées par navires français (comme on le faisait pour la morue) ;

6° Réserver le cabotage algérien aux navires français ;

7° Augmenter de 10 % le droit sur les laines arrivées par navires étrangers ;

8° Augmenter les droits différentiels sur les huiles, les blés, etc. ;

9° Prescrire que toute marchandise destinée à la consommation française doit être exclusivement apportée par navires français.

cation fut enlevée par la Compagnie Valéry, qui desservait déjà la Corse. Le nouveau contrat, qui devait rester en vigueur jusqu'au 30 juin 1880, comportait 2 départs par semaine pour Alger, 1 sur Oran, 1 sur Bône et 1 sur Tunis.

La Compagnie Valéry fit alors construire 9 vapeurs de 600 tonneaux de jauge, type *Ajaccio*, de 75 mètres de long, 9 mètres de large et faisant 12 nœuds. Par contre, deux ans après, en 1872, la Compagnie Fraissinet devenait adjudicataire des services postaux de la Corse, et la Compagnie Valéry perdait un trafic qu'elle détenait depuis 22 ans.

En 1879, nouvelles modifications : le 11 octobre la concession des services postaux sur l'Algérie est attribuée à la Compagnie Générale Transatlantique, qui vient s'établir à Marseille et crée de toutes pièces une flotte de 12 vapeurs neufs de 95 mètres de long, 10 mètres de large, et 14 nœuds, *Ville-de-Bône, Ville-de-Naples, Abd-el-Kader, Moïse,* etc... La convention du 24 mai 1880 comportait les mêmes services augmentés d'un départ par semaine sur Philippeville et Bône.

L'année 1881 vit enfin aboutir les réclamations des armateurs français, et le Parlement, comprenant que la marine marchande, abandonnée à elle-même dans sa lutte contre la concurrence étrangère, ne pouvait pas se relever, vota la loi instituant les primes à la navigation. L'effet fut immédiat, toutes les compagnies reprirent courage et commandèrent de nouveaux vapeurs.

Durant cette période, MM. N. Paquet et C$^{ie}$ firent construire les vapeurs *Meurthe, Arménie,* et achetèrent les *Vosges* et l'*Amélie* ; ils organisèrent un service sur Constantinople, la côte d'Anatolie et la Mer Noire jusqu'au port russe de Poti. M. Cyprien Fabre avait réuni une flotte de 7 vapeurs : *Gallia, Massilia, Lutetia, Patria, Provincia,* etc... En 1881, il fondait la Compagnie Française de Navigation qui porte son nom, au capital de 15 millions. En juillet 1882, cette compagnie ajoutait à ses services sur Oran, l'Espagne et la Syrie, une ligne de grands navires entre Marseille et

New-York, et faisait construire *Britannia, Scotia,* de 3.300 tonneaux, *Alesia, Burgundia,* de 3.800 tonneaux, et en 1891, un nouveau *Massilia,* de 4.200 tonneaux.

De nouveaux armements se créèrent. MM. Caillol et Saint-Pierre avaient 4 vapeurs : *Louise-Marie, Jeanne-d'Arc, Orient,* etc... La Compagnie Nationale parut en 1881 ; elle avait pour président du Conseil d'Administration M. Fraissinet. Elle allait, avec un capital de 15 millions, organiser un service sur Bombay, puis sur Calcutta, et un autre sur Java, avec 8 grands vapeurs. C'étaient le *Canton,* le *Comorin,* le *Colombo,* construits à La Seyne, ayant 118 mètres de long, 12 m. 50 de large et des machines de 2.000 chevaux ; le *Cholon,* le *Chandernagor* et le *Chéribon,* construits en Angleterre, ayant 105 mètres de long et 11 m. 30 de large ; puis le *Cachar* et le *Cachemire.* Une autre compagnie nouvelle, la Compagnie Maurice-Réunion, acquit 3 vapeurs. En 3 ans, le tonnage de la flotte marchande marseillaise s'accrut de 80.000 tonneaux. En même temps, la Compagnie Fraissinet créait, avec des navires de faible calaison, type *Balkan,* une ligne régulière sur le Danube. Elle avait fait construire, pour un service sur l'Extrême-Orient, les vapeurs *Thibet* et *Golconde.* En 1882, la Compagnie des Messageries Maritimes commençait un service subventionné sur l'Australie et la Nouvelle-Calédonie avec des paquebots type *Melbourne, Natal, Sydney, Calédonien,* etc...

En 1884, une grande partie de cette flotte nouvelle fut utilisée par l'Etat pour les transports nécessités par l'expédition du Tonkin, et l'armement marseillais se montra l'auxiliaire précieux qu'on avait vu à l'œuvre en Crimée et qu'on retrouvera plus tard à Madagascar en 1895.

Néanmoins, toutes ces sociétés de création récente ne devaient pas également prospérer. Dès leur origine, plusieurs d'entre elles trouvèrent les places prises par des compagnies plus anciennes et cherchèrent assez péniblement leur voie. C'est ainsi que la Compagnie Nationale, après avoir envoyé ses vapeurs à Java et sur la côte de

## La FRANCE

paquebot commandé en 1869 par la Société Générale de Transports Maritimes à vapeur,
le plus grand paquebot français de son temps.
Modèle du navire

Phot. Duce

(*Musée de la Marine*)

Coromandel, suspendit ces services. Marseille n'offrait pas pour ces destinations un fret de sortie suffisant, la grande industrie et particulièrement l'industrie métallurgique étant, en France, beaucoup plus rapprochée des ports du Nord qui sont son exutoire naturel. C'est pour la même raison que la Compagnie Fraissinet dut renoncer à sa ligne sur l'Inde.

La Compagnie Nationale tenta alors de s'établir sur New-York, en 1886, puis sur La Plata, en 1887. Finalement, en 1890, elle borna son activité à une ligne commerciale sur l'Indochine et sur le Tonkin, récemment ouvert à notre colonisation. Elle devait disparaître en 1905 et après dispersion de son matériel, le dernier de ses navires, le *Cholon*, était repris par la Compagnie des Chargeurs Réunis, dont la ligne sur l'Indochine, créée en 1901, trouvait, au départ de Dunkerque, dans les produits de la région du Nord, des fonds de chargement, dont Marseille fournissait le complément.

Les services postaux de la Corse changèrent plusieurs fois de mains à partir de 1883, époque à laquelle finissait la convention avec la Compagnie Fraissinet. Lors de son renouvellement, les offres les plus basses furent faites par une compagnie nouvelle, la Compagnie Insulaire de Navigation, à la tête de laquelle se trouvait M. Morelli, qui avait autrefois été directeur de la Compagnie Valéry.

Avec l'ancienne flotte de la Compagnie Valéry, la Compagnie Insulaire exécuta les services de la Corse jusqu'en 1892. A cette époque, ils furent repris par la Compagnie Fraissinet qui avait conservé une ligne commerciale sur la Corse.

En 1905, nouveau changement. L'adjudication des services de la Corse est enlevée par une autre compagnie, la Compagnie Méditerranéenne de Navigation, qui fait construire une flotte neuve d'un type très spécial, 5 vapeurs de 81 mètres de long et 8 m. 50 de large : *Corsica, Gallia, Iberia, Italia* et *Numidia*, de 2.600 chevaux. et 3 petits vapeurs de 45 mètres et 460 chevaux : *Monte-d'Oro*, *Vizza-vona* et *Tavignano*. Cette entreprise fut rapidement hors d'état de continuer son exploitation et, dès l'année suivante, la Compagnie Fraissinet reprenait une partie de la flotte de la compagnie défaillante, et les services qu'elle n'a plus abandonnés.

La Côte Occidentale d'Afrique était, en 1889, desservie par les vapeurs de diverses grandes entreprises commerciales établies dans ces régions. En 1881, la Maison Verminck avait 2 départs par mois. Devenue la Compagnie du Sénégal et de la Côte Occidentale d'Afrique, en 1884, elle employait à ce trafic 7 vapeurs (*Foulah*, *Falabah*, *Mandingue*, etc...).

En 1887, la Compagnie Française de l'Afrique Occidentale affectait au même trafic 4 vapeurs, avec un départ par mois. Enfin, une ligne postale subventionnée fut instituée en 1889, pour la Côte Occidentale d'Afrique, et donna lieu à une mise en adjudication. La concession fut donnée à la Compagnie Fraissinet qui affecta à cette ligne, demi-commerciale, et n'exigeant pas de vitesse, des navires du type des services du Danube et le *Thibet*. A partir de 1902, la Compagnie Cyprien Fabre mit également des vapeurs sur la Côte d'Afrique. Les vapeurs des sociétés coloniales, devenus inutiles, disparurent peu à peu.

Depuis la fin du siècle dernier, on peut dire que l'armement marseillais a pris sa forme définitive. Toutes les lignes qu'il est pratiquement possible de desservir au départ de Marseille, étant données les conditions des trafics, marchandises et passagers, sont désormais organisées et chaque compagnie s'attache à maintenir et à développer ses services en adaptant le nombre et la qualité de ses vapeurs aux besoins du commerce et aux nécessités de la concurrence au fur et à mesure qu'ils se révèlent. Depuis longtemps les voiliers ont entièrement disparu, et les perfectionnements apportés à la construction des navires à vapeur, machines à triple et quadruple expansion, dimensions toujours croissantes, allant avec l'accroissement du confort et du luxe pour les aménagements de passagers, modifications dans l'aspect des navires à mesure que les superstructures s'élèvent et que les ponts s'entassent les uns sur les autres, tout cela est l'histoire commune de tout l'armement français. Sur un seul point, l'armement marseillais est en avance sur celui des autres ports : il est le seul, en France, à posséder des navires mûs électriquement, les paquebots *Guaruja* et *Ipanema,* qui donnent des résultats remarquables au point de vue de l'économie combustible.

Cent ans vont s'être écoulés depuis que le *Henri-IV* et le *Sully* ont franchi les premiers la vieille passe du port de Marseille, empanachés de fumée, et battant lentement des pales de leurs roues les eaux qui baignent la Tour Saint-Jean. Aujourd'hui, plusieurs vapeurs marseillais pourraient sans peine embarquer sur leur pont 4 ou 6 *Henri-IV.*

On écrivait en 1811 : « Le port de Marseille est un des « premiers du monde, un des plus commodes et des plus « sûrs : il répond parfaitement au commerce immense que « fait la Ville de Marseille : il est vaste et peut aisément « contenir jusqu'à mille vaisseaux » (1).

En un siècle Marseille a vu passer la surface d'eau de ses ports de 23 à 213 hectares, auxquels elle a annexé l'immense domaine portuaire et maritime qui embrasse Port-de-Bouc, Caronte, Martigues et l'Etang de Berre, unis à ses bassins par le gigantesque tunnel du Rove. Le tonnage des navires entrés et sortis, qui était de 800.000 tonneaux au début de cette période, a dépassé, en 1928, 28 millions de tonneaux.

Telles ont été, pour Marseille, les conséquences de la création de la marine à vapeur, conséquences directes ou

____

(1) Tableau historique et politique de Marseille ancienne et moderne, par et chez Chardon, libraire, 1811.

indirectes parmi lesquelles la plus considérable fut le percement de l'Isthme de Suez que cette marine a rendu indispensable. Par là, la marine à vapeur a procuré à notre ville
des avantages incalculables, résultant pour elle de cette
œuvre merveilleuse qui favorisait si spécialement Marseille, placée comme une escale naturelle sur cette route
de l'Orient que le génie français a ouverte au commerce du
monde.

Venu un peu tard à l'emploi des navires à vapeur, l'armement marseillais n'en a pas moins brillamment accompli
sa tâche, car il a pris et maintenu son rang en tête de l'armement français. Cette tâche a été rude : lutte contre la
marine à voiles qui défendait ses traditions et ses intérêts,
s'appuyant sur 20 siècles d'histoire ; lutte contre l'Etat,
imbu des idées autocratiques de centralisation, et incons-
cient de son inaptitude aux entreprises commerciales ; lutte
contre les marines marchandes méditerranéennes exploi-
tant à meilleur marché grâce à une main-d'œuvre moins
rémunérée, et favorisées par leurs Gouvernements. Il a fallu
à l'armement local conquérir une à une toutes ses positions.
Il lui faut maintenant les défendre, et sa fonction nationale
reste difficile à remplir. La bataille entre nations pour les
trafics maritimes n'a pas cessé ; elle est au contraire plus
âpre que jamais. L'armement marseillais s'efforce de s'y
montrer digne de ceux qui l'ont fondé au cours des cent
années passées.